dtv

W0011218

1929. Frankreichs berühmtester Reporter bricht wieder einmal zu einer seiner ausgedehnten Recherche-Reisen auf: Dieses Mal will er seinen Landsleuten die Lage der Juden beschreiben. Mit dem Schiff geht es nach England, denn im Londoner East End befindet sich das größte europäische Judenviertel; dann über Prag nach Transsylvanien zu den chassidischen Juden, wo ihm die Inkarnation des »Ewigen Juden« begegnet. Nach einem Besuch im Warschauer Ghetto ist sein Ziel Palästina: Dort sind inzwischen viele jüdische Siedler angekommen und haben Tel Aviv aufgebaut.

Sein Erlebnisbericht ›Le Juif errant est arrivé‹, der hier in einer Neuübersetzung vorliegt, schildert ergreifend und authentisch die völlig unterschiedlichen Lebensweisen und -bedingungen der assimilierten und orthodoxen Juden in der Diaspora, spürt den historischen Bedingungen nach und verfolgt vor Ort die Anfänge des Staates Israel.

Albert Londres, 1884 in Vichy geboren und 1932 bei einem Schiffsbrand im Roten Meer umgekommen, zählte zu den berühmtesten politischen Journalisten Europas. Mit vielen seiner kritischen Reportagen erzwang er nachweisbar gesellschaftspolitische Verbesserungen: so etwa in den französischen Strafkolonien oder in Irrenanstalten. 1933 wurde erstmals der »Prix Albert Londres« als höchste journalistische Auszeichnung Frankreichs verliehen.

Albert Londres

Ahasver ist angekommen

Eine Reise zu den Juden
im Jahre 1929

Aus dem Französischen übersetzt
von Dirk Hemjeoltmanns

Mit einem Nachwort von
Lothar Baier

Deutscher Taschenbuch Verlag

Titel der Originalausgabe:
›Le Juif errant est arrivé‹
(Paris 1929)

Vollständige Ausgabe
März 1998
Deutscher Taschenbuch Verlag GmbH & Co. KG,
München
© 1998 Deutscher Taschenbuch Verlag, München
für diese Ausgabe
Umschlagkonzept: Balk & Brumshagen
Umschlagbild: © Neil Folberg, Jerusalem
Gesetzt aus der Baskerville 10,5/12' (Linotron 202)
Satz: IBV Satz- und Datentechnik GmbH, Berlin
Druck und Bindung: C. H. Beck'sche Buchdruckerei,
Nördlingen
Gedruckt auf säurefreiem, chlorfrei gebleichtem Papier
Printed in Germany · ISBN 3-423-08445-6

INHALT

I. Eine ungewöhnliche Person
7

II. Wir finden erneut die Chicksand Street
14

III. Das Herz Israels schlägt noch immer
22

IV. Theodor Herzl
30

V. Der lange Weg der Juden
40

VI. Da sind sie!
48

VII. Und das ist nur Mukatschewo!
55

VIII. Die wilden Juden
63

IX. Ich bin dem Ewig Wandernden Juden begegnet
71

X. Das Gespenst
79

XI. Die Familie Meiselmann
87

XII. Der Pionier aus Palästina
96

XIII. Werden Sie nach Jerusalem gehen?
104

XIV. Das Lemberger Ghetto
112

XV. Aber ... Warschau!

120

XVI. Die Rabbifabrik

128

XVII. Geld oder Möbel

135

XVIII. Beim Wunderrabbi

144

XIX. Auf Wiedersehen Ben!

152

XX. Das Verheißene Land

160

XXI. Um den Preis des Blutes

168

XXII. Die Klagemauer

176

XXIII. Heda, Europa!

178

XXIV. Die Soldaten des Großmufti

186

XXV. Auf bald!

194

XXVI. Das Glück, ein Jude zu sein!

201

XXVII. Ahasver, bist du angekommen?

208

ANHANG

Nachwort von Lothar Baier

217

Zeittafel

230

I

Eine ungewöhnliche Person

Die Schiffe, die zwischen Calais und Dover verkehren, heißen *Malles*. Zu Beginn des Jahres, dem neunzehnhundertneunundzwanzigsten der christlichen Zeitrechnung, befand ich mich auf einem dieser Schiffe.

Es schien in ausgezeichnetem Zustand zu sein, überall herrschte Ordnung. Im untersten Deck warteten Reisende mit ihrem Paß in der Hand in einer langen Warteschlange darauf, von der Polizei kontrolliert zu werden. Andere begaben sich Schlag fünf Uhr andächtig zur rituellen Teestunde. Die Treppe war verstopft von aufgeregten Herzen. Wie würde das Meer sein? Sollte man tief ins Schiffsinnere hinabsteigen? Sollte man sich eher ganz oben aufhalten? Man entschied sich für oben, die Menge drängte an Deck.

Dort fand die Parade der Gepäckstücke statt.

Das bislang stumme Schiff fing an zu sprechen. Durch die Magie der Klebebildchen erzählten die Koffer von ihren Reisen. Scheherezade war weniger beredt gewesen. Eine Ansicht des Parthenon besagte, daß dieser aus Athen kam. Er hatte haltgemacht in einem römischen Palast, anschließend in einem »Albergo« zu Florenz. Der andere dort mußte unentschlossen gewesen sein: hatte er nicht dreimal das Hotel in Kairo gewechselt? Ein ganz kleiner kam aus Brisbane mit einem Zwischenstopp in Colombo. Einige waren aus Indien angekommen. Die Abbildungen der Hotels in Bombay waren hübscher als die von Kalkutta. In einer Ecke trauerte einer Biskra nach, an der einen Seite war ein Palmenzweig befestigt. Menton, Saint-Raphaël schickten etwa zwanzig Gepäckstücke. Ebenso die Schweiz. Auf schönem Rindsleder überquerten die Sonne und der Schnee anderer Länder die Meerenge.

Ich dachte gerade über all die zusammengefalteten Smokings und die Reisenden nach, die nach England fuhren, als eine ungewöhnliche Person zwischen dieser Gepäckansammlung auftauchte.

Das einzig Weiße an ihm waren seine Socken; der Rest an ihm war schwarz. Zu seiner besten Zeit mußte der Filz seines Hutes sehr fest gewesen sein; mittlerweile war er eher weich. Dieser Schlapphut stellte im übrigen das einzige europäische Element an dieser Erscheinung dar. Ein langes aufgeknöpftes Priestergewand, das den Zweck eines Mantels erfüllte, ließ ein zweites, leicht grün gefärbtes Gewand erkennen, das um die Taille von einer losen Schnur zusammengebunden wurde. Der Mensch trug einen wilden Bart, aber der Clou waren zwei Schläfenlocken, die unter seinem famosen Hut hervorkamen und auf Höhe der Ohren sorgfältig gekämmt herunterhingen.

Die Engländer, Meister der Rasur, blickten ihn verwundert an. Er schritt auf und ab, überragte das ganze Gedränge.

Es war ein Jude.

Von woher kam er? Aus einem Ghetto. Er war eines dieser Millionen menschlicher Wesen, die nach wie vor nach den Gesetzen lebten, die Moses von der Höhe des Sinai verkündet hatte. Zum besseren Verständnis ist hinzuzufügen, daß sie gegenwärtig auch in Galizien, in der Bukowina, in Bessarabien, Transsylvanien, in der Ukraine und in den Bergen der Marmarosch leben. Anders ausgedrückt, ohne jemals einem anderen als Gott zu gehören, sind sie dank der Boshaftigkeit der Menschen polnische, rumänische,

russische, ungarische und tschechoslowakische Untertanen.

Die Ausstaffierung von diesem hier hätte ihm zugleich als Paß dienen können. Er kam wahrscheinlich
aus Galizien und war ohne Zweifel Rabbi, und das Ziel
seiner Reise war, wenn man ein wenig vertraut war mit
der Lebensweise dieser Juden, leicht zu bestimmen: der
Rabbi begab sich nach London, um *Haluka* (Spenden)
einzusammeln.

Das Fährschiff ergoß unaufhörlich seinen Inhalt auf
den Kai von Dover. Ich heftete mich an die Fersen dieses frommen Mannes. Einen blankpolierten Holzkoffer
in der Hand ging er der Menge hinterher. Ein Police-
man mit einem Topfhaarschnitt lächelte bei seinem Anblick. Er ging vorbei. Schon bald stand man vor den
Zolltischen. Er stellte dort seinen Holzkasten ab. In diesem Augenblick verspürte ich zum ersten Mal in meinem Leben das Zusammenzucken im Angesicht eines
Zöllners. Wartete man darauf, daß er seine Güter aus-
packte? Schließlich bat man ihn darum. Der Kasten of-
fenbarte sein Inneres. Er enthielt einen weißen Schal
mit schwarzen Streifen und Fransen, ein Paar Socken,
zwei kleine Schachteln, die ein wenig länger waren als
unsere Streichholzschachteln, aber doppelt so breit,
und zwei an einem Lederband befestigte dicke Bücher,
die von weitem besehen nach Talmud rochen, sowie einige in einer eigenartigen Schrift gedruckte Zeitungen.

Frühere Streifzüge durch die Synagogen Osteuropas
machten es mir möglich, daß ich in dem weißen Schal
einen Priesterschal, den *Tallit*, wiedererkannte, und die
beiden kleinen Schachteln waren demnach die Tefillin,
die jeder fromme Jude an der Stirn und am linken
Handgelenk befestigt an den Tagen der großen Zwiesprache mit dem Herrn.

Ein anglikanischer Zöllner war berechtigt, den religiösen Charakter dieser Dinge zu ignorieren; er ging mit ihnen genauso um wie mit einer Puderdose oder einem spanischen Schultertuch.

Nach der Durchsuchung begab sich der Rabbi zum Bahnsteig.

Er ließ den Pullman abfahren und nahm zehn Minuten später den Zug für vernünftige Menschen.

Selbstverständlich setzte ich mich ihm gegenüber.

Mein Verhalten entsprang keineswegs einer Laune. Dieser Mann trat zum rechten Zeitpunkt in mein Leben. Ich brach dieses Mal nicht zu einer Reise um die Welt auf, sondern zu einer Reise zu den Juden, und als erstes wollte ich meinen Hut in Whitechapel ziehen.

Danach würde ich Prag, Mukatschewo, Oradea, Kischinjow, Czernowitz, Lemberg, Krakau, Warschau, Wilna, Lodz, Ägypten und Palästina, die Vergangenheit und die Zukunft sehen, würde von den Karpaten zum Ölberg fahren, von der Weichsel an den See Genezareth, von den Wunderrabbis zum Bürgermeister von Tel Aviv, von sechsunddreißig Grad unter Null, die tschechische Zeitungen bereits mitleidlos verkündeten, in die Sonne, die jedes Jahr im Mai die Radrennfahrer der Echelles du Levant erwartet.

Aber ich sollte in London beginnen.

Warum?

Weil England, und dies seit elf Jahren, zu den Juden in derselben Sprache spricht wie einige Zeit zuvor Gott zu Moses auf dem Berg Horeb. Gott hatte zu Moses gesagt: »Ich habe beschlossen, euch aus der ägyptischen Unterdrückung zu befreien und euch in das Land der Kanaaniter, der Hethiter, der Ammoniter, der Pharisäer zu führen, in ein Land, wo Milch und Honig fließen.«

Lord Balfour hatte sich weniger poetisch ausgedrückt. Er hatte gesagt: »Juden, betroffen von eurem traurigen Schicksal, ist England darum bemüht, keine andere große Nation zu beiden Seiten des Suezkanals sich etablieren zu lassen, und hat daher entschieden, euch nach Palästina zu schicken, in ein Land, das dank euch dann wieder zum Empire zurückkommen wird.«

England verteidigte seine Interessen geschickter als Gott die seinen. Gott hatte mit einem Schlag Palästina und Transjordanien verschenkt.

Lord Balfour behielt Transjordanien.

Zwischen diesen beiden Epochen hatte, das ist wahr, Mohammed ein Wort mitzureden gehabt.

*

Der Zug rollte dahin. Mein Rabbi schlief ein wenig. Sein famoser, nun leicht verrutschter Hut entblößte das Käppchen, das er darunter trug. Jeder orthodoxe Jude mußte zwei Kopfbedeckungen tragen. Ein Windstoß, eine Unaufmerksamkeit könnte bewirken, daß die erste sich von ihrem Besitzer trennt. Welche Ungebührlichkeit, wenn der Name des Herrn (gepriesen sei sein Name!) angesichts eines freigelegten Hauptes eines Juden ausgerufen wird!

In Chatham öffnete mein Gefährte wieder die Augen. Sie waren sehr schön. Wenn mein Mann aus Galizien kam, dann kamen seine Augen von viel weiter her. Der Orient wohnte noch darin. Nachdem er seinen Talmud aus dem Holzkoffer genommen hatte, vertiefte sich dieser polnische Untertan ins Hebräische.

Engländer schlenderten durch die Gänge und warfen dem Mitreisenden einen indignierten Blick zu. Man kann einem weitgereisten Volk angehören und trotzdem nicht alles gesehen haben. Es waren vor allem die Schläfenlocken, die ihnen auf den Magen schlugen. Der Rabbi war bald die Attraktion des Waggons. Jene, die ihn entdeckt hatten, machten ihre Nachbarn darauf aufmerksam. Und die Neugierigen zogen mit Unschuldsmiene vor unserem Abteil auf und ab. Ein vulgärer Zeitgenosse war aufgestanden und hatte sie gefragt: »Was wünschen Sie, Gentlemen?« Aber wenn man Zwiesprache mit Gott hält über komplizierte Druckbuchstaben hinweg, hat man dann noch Gedanken übrig für so törichte Wesen? Und ruhig kaute der Rabbi seinen Text durch mit beweglichen Lippen wie ein mümmelndes Kaninchen.

*

Dann kam London. Der Mitreisende wurde erwartet. Zwei europäisch gekleidete Männer begrüßten ihn, ohne den Hut zu lüften. Sie begrüßten ihn mit den Schultern, dem Hals, mit einem Vibrieren der Nasenflügel und einem Auf und Ab der Augenbrauen. Das Trio trat in ein lebhaftes Gespräch ein. Unwillkürlich zeichneten ihre Hände die Form ihrer Gedanken nach. Die Gestik ist in der Tat der Akzent Israels. Ein Jude drückt sich mit den Fingern soviel wie mit der Zunge aus. Einarmig wäre er sicherlich zur Hälfte stumm!

Sie ließen die Taxis außer acht. Sie verließen den Bahnhof. Sie gingen zu Fuß.

Einer der Europäer trug den Kasten. Der Rabbi hatte seinen Talmud unter dem Arm. Der Dritte zeichnete mit weiten Handbewegungen Arabesken in den nächtlichen Himmel.

Bald darauf blieben sie stehen. Mußte man unbedingt Detektiv sein, um zu erraten, daß sie auf den Bus warteten? Nach einigem Lächeln der Londoner Warteschlange nahte das anmutige Gefährt. Sie stiegen ein.

Wohin würden mich die Söhne Abrahams führen? Ich bemerkte den Piccadilly, ich erkannte vage den Anfang der Strand, danach kam es mir vor, als durchquerten wir die City. Die drei Plauderer redeten schneller, als der Bus fuhr, und wenn das Ungetüm hielt, unterbrachen sie nicht ihr Gespräch. Dann war das Fahrtziel erreicht. Sie stiegen vor einem großen Gebäude aus, das unter allem Vorbehalt das London Hospital sein mußte. Wir waren in der Whitechapel Road.

Sie war nicht sehr belebt. Ich konnte ihnen mühelos folgen. Sie gingen diese Verkehrsader hinauf und wandten sich dann in die Silver Street, danach in die Chicksand Street. Es war eine sehr kleine dunkle, schmutzige Straße. Sie wurde lediglich von den brennenden Kerzenstümpfen der kleinen Läden erleuchtet. Bei Nummer 17 verschwand das Trio in einem Hauseingang. Die Fassade bestand aus verschmutzten Ziegelsteinen, und im Erdgeschoß gab es einen Geflügelhändler, der schlecht gerupfte Enten und Hühner anbot.

– Bis morgen, sagte ich zu mir und merkte mir die Adresse.

Ich kehrte um. Das Mauerwerk der Gebäude schwitzte. Hinter den Fensterscheiben sah man Familien an kärglich gedeckten Tischen sitzen. Ich fand wieder zur Whitechapel Road zurück. Während ich weiterging, buchstabierte ich die Namen auf den Ladenschildern vor mich hin: Goldman, Appelbaum, Lipovitch, Blum, Diamond, Rapoport, Sol Lévy, Mendel, Elster, Goldenberg, Abram, Berliner, Landau, Isaac, Tobie, Rosen, Davidovitch, Smith, Brown, Lewinstein, Salomon, Jacob, Israel ...

Und ich war nur auf der einen Straßenseite gewesen!

Ich befand mich also mittendrin in meiner Aufgabe.

Wir finden erneut die Chicksand Street

Mittags. Zwei Männer suchten im Zentrum Londons ein koscheres Restaurant.

– Legen Sie viel Wert darauf?

– Wir sollten die Gelegenheit nutzen, dann haben wir den ganzen Tag keinen Hunger, gab ich zur Antwort.

Ich war einer dieser beiden Männer. Der andere war mein neuer Begleiter. Ich hatte ihn am Vormittag in der Great Russell Street Nr. 77 im Zentralbüro der Zionistischen Vereinigung kennengelernt. Man hatte mich ihm vor allem deswegen anvertraut, weil ich jemanden suchte, der jiddisch sprach.

– Wir könnten vielleicht in einem »Lyon« essen, meinte er, man ißt dort nicht koscher, aber die ganze Sache ist gleichwohl jüdisch.

– Heute wollen wir würdige Kinder des Herrn, eurem Gott, sein, lassen Sie uns also koscher essen.

Wir fanden in der Strand ein entsprechendes Restaurant. Die Menge drängte sich dort. Einige Gäste trugen eine Kopfbedeckung, andere hatten wie ganz gewöhnliche Christen ihren Hut abgelegt. Wir nahmen Platz.

Sie kennen sehr wohl diese Häuser. Hebräische Schriftzeichen, die als Reklameschild dienen, haben Sie aufmerksam gemacht. Sie legen auf der ganzen Welt Zeugnis ab, daß das jüdische Volk sich an seine Gesetze hält:

»Du sollst nichts Unreines essen. Dies sind die Tiere, die ihr essen dürft: Rind, Schaf und Ziege, Hirsch, Gazelle, Damhirsch, Steinbock und die Antilopenarten, und alle Tiere, die gespaltene Klauen, und zwar zwei ganz durchgespaltene Klauen, haben und Wiederkäuer sind unter den Tieren, die dürft ihr essen. Doch dürft ihr von denen, die wiederkäuen, und von denen, die ganz gespaltene Klauen haben, folgende nicht essen: das Kamel, den Hasen, den Klippdachs und das Schwein; denn es hat zwar gespaltene Klauen, und zwar ganz durchgespaltene Klauen, ist aber kein Wiederkäuer. Dies ist's, was ihr essen dürft von allem, was im Wasser lebt; alles, was Flossen und Schuppen hat, dürft ihr essen.«

Und noch viele andere Gebote.

So spricht der Herr im Fünften Buch Mose.

Und so essen noch immer Millionen und Millionen von Juden.

– Wenn wir von der Giraffe kosten würden, meinte ich?

– Schauen Sie sich die Gesichter der Gäste an, und sagen Sie mir, ob es den typischen Juden gibt, wie man ihn sich vorstellt. Es gibt den Juden, der dem entspricht, was man unter einem typischen Juden versteht ...

– Glauben Sie?

– Aber die allermeisten ...

– Nun, auf jeden Fall gereicht es einem Volk zur Ehre, und außerdem bekommt man sehr hübsche Köpfe zu Gesicht.

Das Fleisch, das man uns servierte, schien in Löschpapier gebraten worden zu sein, nicht ein Tropfen Blut. Bringen wir es hinter uns!

– Ich bin nicht von hier, sagte mein Tischgefährte, sondern ein in Rußland geborener polnischer Bürger. Ich habe aber einen Freund am Jüdischen Theater. Er wird uns behilflich sein. Warten Sie, ich werde mich nach der Adresse dieses Theaters erkundigen.

Er fragte unseren Nachbarn. Der glich eher einem

englischen Angestellten als einem Nachkommen Abrahams. Der Nachbar antwortete:

– Stimmt, es gibt ein Jüdisches Theater, aber ich gehe nie dort hin.

Und das mit einem Lächeln, in dem ein wenig Verachtung mitschwang.

– Wieder jemand, der sich verleugnet, sagte der Pole. Ganz offensichtlich in Frankreich, in England … Man merkt sofort, daß sie nichts von dem wissen, was bei uns geschieht.

Nachdem wir ein letztes Glas Ginger Ale geleert hatten, ein Getränk, das Moses als Mann von Geschmack nicht empfohlen hatte, setzten wir unsere Hüte auf und schlugen den Weg nach Whitechapel ein.

Es liegt im Londoner Osten, es ist sogar im *East End* gelegen, also am Ende des Ostens. Zur Zeit, als die Juden vor den Verfolgungen in Osteuropa flohen und sich hier niederließen, war es der äußerste Rand der Großstadt. Aber die Wüste hat ihnen noch nie Schrecken eingejagt! Es bedarf keiner Schranke, die den Eingang zu Whitechapel markiert, oder Prospekte, die man verteilt, um einen darauf hinzuweisen, daß man gleich ein nichtenglisches Land betritt, man spürt es sofort. Es ist genauso, als käme man aus einem Eiskeller in ein Treibhaus. Die Leute, die dort leben, sind englische Staatsbürger oder werden es sein, stimmen ab wie Engländer, sprechen englisch, doch vom ersten Haus an riecht nichts mehr nach England. Es ist menschlicher, ich möchte fast sagen romanischer, wenngleich das Lateinische nichts gemein hat mit dem Hebräischen! Gestalten, ein markantes Gesicht, ein rascher Blick, allgemeine Regsamkeit, Asketisches bei den einen, Beleibtheit bei den anderen, angeborene Neugier, der Geruch nach Zwiebeln, Unruhe und Zufriedenheit, das ist Israel!

Sie verbergen es nicht. All ihre berühmten Namen, deren unbekanntester Isaak ist, prangen über ihren Geschäften. Die Treue zu ihrer Herkunft ist eine der Schönheiten dieses tragischen Volkes. Engländer? Ja, sie sind stolz, welche zu sein. Von den Erzählungen ihrer Vorväter wissen sie, was es hieß, in Rußland geboren worden zu sein. Sie sind Juden, und gleich danach sind sie ganz gewiß Engländer. Wenn jemand ihnen vorschlüge, England zu verlassen, in den Osten zurückzukehren oder auch nach Palästina auszuwandern, so würden sie antworten: Wir sind Engländer! Gleichwohl klebt ihnen noch irgendwie die alte hebräische Erde an den Füßen. Sie treten mit Genuß darauf. Was erblickt man in den Auslagen und im Inneren der Geschäfte der Whitechapel Road, der Mile End Road, der Commercial Road und am Beginn von Stepney? Bilder. Eines stellt den Kampf zwischen David und Goliath dar. Etwas weiter sieht man den besiegten Saul, wie er sich auf dem Berg Gilboa selbst tötet. Dann Ansichten von Jerusalem, der Einzug von General Allenby in Gaza. Nabuchodonosor führt die Fürsten, die Krieger und die Richter in die Gefangenschaft, Lord Balfour weiht die Hebräische Universität auf dem Berg Scopus ein. Ist dort König George V. auf den Jahreskalendern abgebildet? Nein! Es ist der moderne Messias, der Großrabbiner des zwanzigsten Jahrhunderts, der Papst des Zionismus, es ist Theodor Herzl! Diese Hemdbluse dort hat keine Manschettenknöpfe, dafür aber auf dem Rücken eine Landkarte Palästinas! Und was entdeckt man auf einem Stück Seife, zumindest auf dem, das ich gekauft habe? Das Wappen vom Schild König Davids, der Stern aus zwei Dreiecken!

– Nun, gehen wir zu Ihrem Rabbi?

– Hier entlang, sagte ich.

Wir kamen wieder in die Chicksand Street. Wenn die entlegensten Winkel von Whitechapel einem bei Nacht nicht das Herz erwärmen, so lassen sie einen am Tag frösteln. Wenn er sich nicht in der Luft befindet, so muß der Nebel Londons ja irgendwo sein. Dort befindet er sich. Ich habe seine Remise entdeckt. Er ruht sich auf den Gehwegen aus, lehnt sich an die Häuserwände. Er hat sich verdichtet, um sich dort aufhalten zu können. Sobald er sich wieder ausreichend erholt hat, erhebt er sich aufs neue, ohne eine Spur zu hinterlassen, und beginnt dann wieder seine kleine Runde über die Hauptstadt, um danach über den Dächern Whitechapels wieder in sich zusammenzusinken:

Der Geflügelhändler in Hausnummer 17 hatte auch heute seine Tiere nur sehr schlecht gerupft.

– Wie heißt Ihr Mann? fragte mich der Pole.

– Es gibt keinen zweiten seiner Art in ganz England. Seine Personenbeschreibung ist sein Name.

Der Händler, der das Rupfen noch lernen mußte, hatte ihn nicht gesehen. Die Bewohner des ersten Stocks kannten ihn nicht. Doch hinten im Hof, vor einem offenen Fenster, sah ich den Rabbi. Ausgestreckt auf einem Sessel aus rotem Rips, das Käppchen auf dem Kopf, die Schläfenlocken ständig in Bewegung, so las er mit behenden Lippen in seinem großen schwarzen Buch.

Als ich überstürzt die Treppe hinuntereilte, riet mir mein Begleiter, meinen Eifer zu zügeln.

– Man sollte ihn nicht gleich überfallen. Er ist ein Ostjude, er ist weit weg von Ihrer Gedankenwelt. Es empfiehlt sich eine gewisse Behutsamkeit.

Im Namen der Zionistischen Vereinigung war die Begrüßung der Bewohner herzlich. Einer von ihnen, der am Abend zuvor den Rabbi am Bahnhof abgeholt hatte, bot uns im Besucherzimmer einen Stuhl an. Wir erfuhren, daß der Reisende tatsächlich Rabbi war und seine Gemeinde sich in Galizien zwischen Ternopol und der rumänischen Grenze befand. Der Mieter aus der Chikkensand Street Nummer 17 war sein Großneffe. Der Mann Gottes würde sicher nicht ablehnen, mit uns zu reden.

Und man brachte uns zu ihm.

Der Rabbi schloß seinen Talmud. Ohne zu wissen, wer wir waren, streckte er uns die Hand entgegen und sagte:

– Schalom!

– Schalom! antwortete der Pole.

Das ist der hebräische Gruß anstelle unseres Guten Tag und bedeutet: Friede sei mit dir!

Ich ließ ihm sogleich übersetzen, daß ich seit unserer gemeinsamen Überfahrt seine Adresse hatte in Erfahrung bringen wollen, und das nicht aus Neugier, sondern in ernsthafter Absicht; daß ich den Plan hatte, den Franzosen die Bedingungen der Juden auf der Welt vor Augen zu führen; daß ich in sein Land reisen wollte, und noch in einige andere bis hin nach Palästina, und daß ich der Meinung war, daß die Vorsehung es wohl zum Ausdruck hatte bringen wollen, daß sie mein Unternehmen unterstützt, wenn sie gleich zu Beginn meiner Route mich die Bekanntschaft eines frommen Rabbis machen ließ.

– Toda raba! (Vielen Dank!)

Ich ließ ihn nach dem Ziel seiner Londonreise fragen.

Er antwortete:

– Das Elend meiner Gemeinde ist groß. Die monatelange Kälte wird es noch verschlimmern. Meine Juden haben weder etwas zu essen noch etwas zum Anziehen.

Die Kinder laufen barfuß übers Eis, und der Wind dringt in die Häuser ein, weil sie nur aus Brettern bestehen, die alle nicht zueinander passen. Ich bin nach London gekommen, um Spenden zu sammeln. Die Juden, denen es hier gut geht, müssen ihren noch unterdrückten Brüdern helfen. Befinden wir uns nicht am nächsten bei Ihm? Wer würde ohne uns noch zu Ihm beten?

Er fügte hinzu:

– Wenn das Unglück so viele Kinder Israels niederdrückt, ist dann nicht das Lösegeld des egoistischen Glücks und der Gottlosigkeit der anderen gerecht?

Sein Großneffe bat uns, die Lage seines Großonkels zu bedenken. Im Ghetto geboren, im Ghetto lebend, vielleicht hatte er deshalb keine genaue Vorstellung zeitgemäßer Verpflichtungen. Wenn es den Juden Galiziens genügte, Gott zu gefallen, vielleicht mußten dann die Juden des Westens den Menschen gefallen.

Und man übersetzte mir, was er zu seinem Anverwandten sagte:

– Auch wir, Rabbi, die wir alle Engländer sind, beachten den Schabbat. Am morgigen Freitag werdet Ihr beim ersten Stern am Himmel, während ganz London noch arbeitet, die eisernen Rolläden von Whitechapel heruntergehen hören.

Der Rabbi erwiderte:

– Daß der Heilige Name gepriesen sei! Aber Wahrheit bleibt Wahrheit. Nicht Neid hat meine Zunge geführt. Wenn es unter euch Juden gibt, die einem Jahrhundert des Wohllebens nicht widerstehen konnten, so sind es keine Israeliten mehr, jene haben wir aufgegeben. Sie meinen Engländer, Franzosen zu sein. Der Geist hat sie verlassen. Sie haben mit dem Bund gebrochen. Sie sind alle verloren. Für uns sind das keine Juden mehr, aber für die Menschen des Abendlandes bleiben sie gleichwohl welche! Aber ich denke an dich, Sa-muel Gosschalk, dessen Vater nach wie vor einer der Unseren ist, während du schon Engländer bist. Das heißt, sich rasch von den Seinen entfernen. Die Gefahr belauert dich. Deine Kinder werden vielleicht auch keine Israeliten mehr sein, obwohl man euch noch so nennt.

Während er diesen Aufschrei des Herzens übersetzte, versuchte mir mein Pole zu verstehen zu geben, daß wir es mit einem Fanatiker zu tun hatten. »Der Jammer ist, fügte er hinzu, daß es davon Millionen unter uns gibt. Er wird uns nicht bei der Lösung des jüdischen Pro-blems helfen können.«

– Und der Zionismus?

– Aber sie weisen ihn weit von sich. Die Rabbiner, die dort unten alles bestimmen, sind seine schlimmsten Gegner.

– Fragen Sie ihn trotzdem, was er von Balfours De-klaration hält.

Der Pole stellte ihm die Frage, und der fromme Mann gab zur Antwort:

– Mister Balfour ist ein Lord und kein Messias.

Der Rabbi wandte sich wieder seinem Sessel zu, nahm seinen Talmud zur Hand, und ohne uns weiter zu beachten und ohne darüber nachzudenken, daß White-chapel weit weg von den Karpaten war, stürzte er sich mit Leib und Seele, denn seine Schläfenlocken wurden schon wieder von einem heiligen Fieber geschüttelt, in die Kommentierung des göttlichen Wortes.

III

Das Herz Israels schlägt noch immer

Ein Rabbi aus Galizien in London, das ist schon etwas, aber zu wenig. Er blieb nicht unbemerkt in Whitechapel, doch er verschwand zwischen den anderen Juden. Er glich einer pittoresken Boje auf einem teilnahmslosen Meer.

Es ist nicht genau bekannt, wie viele im East End leben. Sind es mehr als hunderttausend? Auf jeden Fall sind es eine ganze Menge! Und der Anker, den sie hier geworfen haben, scheint einen guten Halt zu haben.

– Wissen Sie, wie mein Großvater hier in London angekommen ist?

– Von woher kam er?

– Aus Litauen. Mit zwei kleinen Löffeln als ganzem Vermögen. Noch heute erzählt man in der Familie, daß er sie ohne Wissen der Seinen mitgenommen hat. Ich glaube es nicht, er ist zu ehrenhaft.

Die Dame, die mir das erzählte, führte mich zu ihrem Geburtshaus. Wir gingen Seite an Seite durch die Commercial Road. Mittlerweile wohnte sie im Westen Londons, das Viertel der besseren Kreise. Man weiß, je teurer die Miete ist, um so angesehener ist der Mieter! Sie war mir am Vorabend vorgestellt worden, natürlich im Westend, bei einem renommierten Advokaten, Jude und englischer Staatsbürger, wie er selbst von sich sagte. Weiter versicherte er, daß die Engländer, die um seine Situation wußten, ihm mehr Anerkennung entgegenbrachten, als wenn er von sich sagte, er wäre Engländer mit israelitischem Glauben.

Der Großvater lebte noch. Inzwischen lebte er als einziger der Familie in Whitechapel. Seine Kinder hatten sich ein besseres Viertel ausgesucht. Was seine Kindeskinder betraf, so hatten sie sich noch vornehmer niedergelassen!

– Das hier, sagte meine Begleiterin und blieb mit mir vor dem Schaufenster eines Schmuckladens stehen, das hier ist aus den beiden kleinen Löffeln aus Litauen geworden.

Der Großvater hieß Murgraff. Sobald man den Laden betrat, sah man einen Mann mit gebeugtem Kopf vor dem Rechnungsbuch sitzen.

– Es gibt einen Fehlbetrag von einem Schilling, rief seine Enkelin, einem ganzen Schilling, das ist viel!

Der alte Murgraff lächelte. Vierzig Jahre England haben die Rechtgläubigkeit seines Bartes Schaden nehmen lassen, aber darunter war alles althergebracht.

Einmal im Gespräch, kamen wir bald zu einem interessanten Thema.

– Es gibt auch ein jüdisches Viertel in Paris, sagte er, die Rue des Roses? ...

– Des Rosiers! Ja. Aber das ist nur eine Miniaturausgabe von Whitechapel!

– Nun gut, ich könnte genausogut in Ihrer Rue de Rosiers wohnen, wie ich jetzt in Whitechapel lebe. Als ich mich vor fünfundzwanzig Jahren hier niederließ, wußte ich nicht, ob ich hier etwas zu essen finde. Ich hätte durchaus nach Paris weiterfahren können.

– Nun, dann wäre ich jetzt Französin und nicht Engländerin, meinte die schönste Blüte vom Zweig der Murgraff.

– Das wäre auch sehr achtbar, antwortete der Juwelier, und du würdest an der Étoile wohnen!

Warum hatte Murgraff Litauen verlassen? Seine Geschichte war genau dieselbe wie von jedem anderen aus der Commercial Road und aus der Rue des Rosiers. Sie war auch heute noch dieselbe, wie sie es vor vierzig Jahren war. Und vor vierzig Jahren war sie dieselbe wie weitere vierzig Jahre davor.

Polen, Rumänien sind aus Rußland hervorgegangen. Aber Polen und Rumänien haben aus Rußland ihren Vorrat an Antisemitismus erworben. Ein Jude ist dort immer ein Jude. Unter Umständen ist er ein Mensch, aber in jedem Fall ist er weder Pole noch Rumäne. Und wenn er Mensch ist, dann muß man ihn daran hindern, groß zu werden. Von der ganzen Geschichte der Juden hat Osteuropa nur die von Hiob behalten. »Mögen der Tag, an dem ich geboren wurde, und die Nacht, in der gesagt wurde: ein Mensch ist geschaffen worden, zugrunde gehen!« Gut gesagt, antworten unsere slawischen und lateinischen Brüder. Auch halten sie es für unerläßlich, daß die Nachkommen Abrahams dort bleiben, wo der andere, ich meine damit Hiob, gerne gewesen wäre. Das jüdische Problem ist kompliziert, aber ich glaube, daß es sich in einer Frage nach der Luft zusammenfassen läßt. Atmen oder nicht atmen können. Nicht mehr und nicht weniger.

Der alte Murgraff teilte meine Auffassung. Die Enkelin, die keine andere als die Londoner Atmosphäre kennengelernt hatte, verstand es weniger gut. Sie hatte nicht mehr die Gesamtheit der jüdischen Welt vor Augen. Gewiß, sie leugnete nicht, Jüdin zu sein, aber sie schien zu glauben, daß sie Jüdin in England war, wie andere Walliser oder Schotten. Tempel, Kirche, Synagoge, das war eine Angelegenheit der Seele. Und wenn man nicht mehr in die Synagoge geht als die Freundinnen in die Kirche, dann scheint der Weg, den man dorthin benutzt, ohne jede Bedeutung zu sein. Heutzutage sucht eine elegante Dame weniger Gott als den Schneider auf. Man geht häufiger ins Kino oder zu einer Teestunde als zum täglichen Gebet. Dasselbe Dach vereint einen um dasselbe Vergnügen ...

Das war es, was die »Assimilierte« auszudrücken versuchte.

– Kind, fuhr der alte Murgraff fort, du denkst wie eine zufriedene Frau, die nicht weiter denkt als über ihr Glück hinaus!

– Aber Sie, meinte ich, der Sie vierzig Jahre England? ...

– Für uns Juden in England, Frankreich, Belgien, im Westen gibt es zwei Abschnitte. Ich gehöre zu dem einen, meine Enkelin zu dem anderen. Ich selbst bin noch ein verpflanzter Baum. Meine Sarah ist bereits hier geboren. Ich habe für England die tiefste Anerkennung. Die Länder der entwickelten Intelligenz haben in uns lediglich Menschen sehen wollen und nicht irgendwelche schrecklichen Gespenster. Sie haben uns auf die Stufe der Gleichheit gestellt. An uns liegt es zu zeigen, daß sie nicht geirrt haben. Mein Glück und nicht meine Geburt hat mich England lieben lernen lassen. Es ist mir doppelt teuer: einmal wegen der Klarheit seines Geistes, die dieses Land verstehen ließ, daß ein Jude nicht ein Teufel ist, zum anderen wegen seiner Wohltaten. Ich bin ein treuer englischer Staatsbürger. Ich war voller Stolz, als meine beiden Söhne in den Krieg gezogen sind. Das Gefühl, das ich empfand, war nicht schlichte Befriedigung, eine Schuld zu begleichen, um mich von einer Last zu befreien, sondern das zu tun, was man zu tun hat. Die Treuepflicht gegenüber dem Land, das mich aufgenommen hat, schien mir sehr leicht.

Aber, mein lieber Monsieur, ich bin ein alter Jude. Ich habe das Hebräische in mich eingesaugt. Einer meiner Brüder dort unten trägt noch Kaftan und Stiefel. Ich fühle in mir noch alle Überlieferungen meines Volkes. Es wäre nicht sehr ehrenwert von mir, Israel zu verleugnen oder England gegenüber undankbar zu sein.

Der alte Murgraff hob die Hand und deutete auf ein Porträt von Theodor Herzl an der Wand.

– Sind Sie Zionist?

– Ich bin für alles, was das Elend erleichtern hilft, das ich in meiner Kindheit kennengelernt habe. Wenn man aus dem Graben herausklettern konnte, muß man nicht die Seile kappen, die vielleicht andere retten können.

– Sind bereits viele aus Whitechapel nach Palästina gegangen?

– Zwei oder drei Familien ... Aber sie sind wieder zurückgekommen.

Es bestehen in der intellektuellen Welt zwei Arten von Zionisten: die kompromißlosen und die weniger kompromißlosen.

Die Kompromißlosen sind die Apostel, die von der Idee geleitet, ihre Schiffe hinter sich verbrannt haben. Sie haben sich auf der Stelle andere genommen, die sie nach Palästina gebracht haben.

Die weniger Kompromißlosen sind von der Art eines Murgraff. Es sind Personen mit mehr Vernunft als Enthusiasmus.

Sie helfen denen, die das Mittelmeer überqueren wollen. Sie selbst bleiben am Ufer zurück.

So finden manchmal die Anwärter auf eine Atlantiküberfahrt stille Teilhaber ...

Die Kompromißlosen kommen aus Rußland, Polen, Rumänien.

Man kann ein paar aus Belgien, Holland, England hinzuzählen.

In Frankreich hat es keine »Kompromißlosen« gegeben.

– Nun, sagte ich zu meinem Juden, dann schlägt das Herz Israels nicht mehr in Whitechapel?

– Wie bitte?

– Wenn nur zwei oder drei Familien …

– Ha, das Herz Israels schlägt nicht mehr in Whitechapel?

Murgraff nahm seinen Hut vom Haken, setzte ihn auf, gab seinen Angestellten Anweisungen:

– Ich werde Sie selbst begleiten, sagte er. Und wir verließen den Laden.

Bald waren wir wieder in der Commercial Road, und dann befanden wir uns wer weiß wo. Die Dunkelheit brach herein. Wir gingen zwischen zwei langen Häuserreihen mit jüdischen Namen hindurch. Je weiter wir gingen, um so mehr gab es davon. Sie liefen vorbei mit der Geschwindigkeit dieser Bilder, wie sie früher bei einem Daumenkino erschienen sind. Unser Weg endete in der Redmans Street.

Es war fast sechs Uhr abends. Die Straße war sparsam erleuchtet. Kinder strömten von beiden Seiten zu Hunderten dorthin. Die Kinder gingen hier also zu einer Uhrzeit zur Schule, zu der sie sonst überall bereits zu Ende war. Wir gingen durch ein Gewimmel kleiner Kinder. Sie hüpften, sie rannten und verschwanden allesamt in demselben dunklen Eingang. Es waren kleine Juden, die gerade aus der englischen Schule kamen und nun zur *Talmud-Thora** eilten.

– Israel! sagte voller Stolz der alte Juwelier.

Nachdem sie den Tag damit verbracht hatten, das zu lernen, was die kleinen Engländer lernen, stürzten sie jeden Tag in diesen Flur, um sich im Kopf einzuprägen, daß sie kleine Juden waren.

* Jüdische Primarschule.

Das äußere Bild dieser Einrichtung berührte mich. Rabbiner mit Käppchen und Bart, wehendem langen Kaftan liefen mitten in dieser Kinderschar, die Jockeymützen trug. Von der Schwelle an betrat man heiligen Boden. Zum Teufel mit den englischen Sitten, keine entblößten Häupter mehr. Auf Wiedersehen George V., es lebe Gott, König von Israel.

Es waren sechshundert in diesem Gebäude. Wohlgemerkt, Jungen, die Töchter des auserwählten Volkes haben keinen Anspruch auf Wissen.

Der Unterricht begann. Im Hintergrund eines jeden Raums, hinter dem Pult des Lehrers, der Thoraschrein.

Die *Thora* ist das Gesetz der Juden. Dieses Gesetz besteht aus den fünf Büchern Mose. Es berichtet davon, was passiert ist zwischen der Erschaffung der Welt und dem Jahr 2552 einhalb vor Jesus Christus. Die unverbrüchliche Treue der Juden gegenüber diesem Gesetz hat niemals nachgelassen. Es ist ihre Nationalflagge, ihre Nationalhymne, ihr Unbekannter Soldat. Sie haben nicht nur große Achtung vor der Thora, sondern eine ewig dauernde Begeisterung des Herzens. Unter all den schönen Namen, den sie ihr gegeben haben, verkörpert einer die Große Liebe: *Die Gekrönte Verlobte.*

Als Gegenstand ist eine Thora ein langes Stück Pergament, das an beiden Enden von einem Holzstab begrenzt wird. Man rollt sie über diese Stäbe auf, so daß sie senkrecht in dem Schrein aufgestellt werden kann. Was die Schreiber der Thora, die Handschrift des Gesetzbuches, die wunderschönen *Sefarim,* betrifft, so ist der Augenblick noch nicht gekommen, sie genauer vorzustellen. Der Thoraschrein stand also im Hintergrund jeder Klasse versteckt hinter einem Vorhang aus grünem Samt, der bald mit einem Löwen, bald mit einem Hirsch, bald mit einem Panther, bald mit einem Adler geschmückt war. Dies erinnerte die Kinder Israels daran, daß sie stark wie ein Löwe, behende wie ein Hirsch, kühn wie ein Panther, schnell wie ein Adler sein müssen. Diese symbolischen Bilder dienen aber nicht der Ermutigung im Lebenskampf, sondern diese Eigenschaften werden ihnen nur nahegebracht, um den Willen Gottes Wirklichkeit werden zu lassen.

Der Rabbi stand vor dem Schrein und hielt ein großes Buch in den Händen. Alle Kinder hatten auf ihrem Schreibpult ebenfalls so ein großes Buch: die Thora; nicht die aus dem Schrein, aber das Wort Mose gedruckt in Hebräisch auf normalem Papier. Und alle lasen zugleich und mit lauter Stimme, der Rabbi gab die Tonlage an, unterstützte die Vergeßlichen. Mehr als hundert saßen in einer Klasse, eng beieinander wie Datteln in der Schachtel. Die Juden haben nie viel Raum gehabt. Die Nationen haben ihnen stets nur wenig Platz zugewiesen. Diese Kinder aus Whitechapel saßen so dicht beisammen wie die Toten ihrer Friedhöfe dort unten in Galizien, deren Grabsteine sich so schrecklich drängten.

Was lernt man in diesen Schulen? Die Thora zu lesen. Zuerst müssen die zweiundzwanzig Zeichen des Hebräischen buchstabiert werden, die einst aus der Krone des Ewigen herunter kamen. Ist dabei das Wichtigste, daß sie die heilige Sprache verstehen lernen? Nein, aber daß sie aufgewühlt werden vom Rausch ihres Klangs. Dieser Klang verleiht der Vorstellungskraft Flügel, er trägt den Geist in die Länder, von denen man träumt. Und diese in England geborenen Kinder, von Eltern, die anderswo geboren worden sind, singen das Gesetz, Ellbogen an Ellbogen, wie alte Hebräer. Und die Karte des Verheißenen Landes hängt gegenüber dem Thoraschrein ... und auf diese

Weise reißt das jüdische Drama bereits diese kleinen Seelen mit.

Sie hatten recht, alter Murgraff, das Herz Israels schlägt noch immer.

IV

Theodor Herzl

Ein Grab in Wien, genauer in Döbling.

Der Mann, der dort ruht, hatte ein ungewöhnliches Schicksal. Dreitausendzweihundertsiebenundvierzig Jahre nach Mose wurde er der Nachfolger Mose.

Er war mehr als ein König. Er hatte mehr als ein Zepter: er hatte Flügel. Seine Mission war größer als nur ein Land zu regieren. Seine Stimme ließ Grenzen rissig werden. Sein Atem strich um die Welt. Er erweckte ein Volk, das seit neunzehn Jahrhunderten eingeschlafen war.

Er war ein Jude.

Das Volk war das von Israel.

Der Name des Mannes ist Theodor Herzl.

Er wurde in Budapest geboren, im Jahr 1860.

Man sagt, daß er *Sepharde* gewesen ist, anders ausgedrückt, daß er von den spanischen Juden abstammte, die die Inquisition mit besonderer Inbrunst verbrannte. Dieser Herkunft verdankte er die Schönheit seines Antlitzes und die Kraft seiner Statur. »Wie Saul, schreibt Zangwill, überragte er seine Brüder mit seiner hohen Gestalt, seinem langen schwarzen Bart, seinen strahlenden Augen und dem Antlitz assyrischer Könige auf den antiken Flachreliefs. Seine Art zu sprechen war faszinierend, und er übte auf jeden, der mit ihm ins Gespräch kam, eine magnetische Wirkung aus, von den Majestäten bis zu den einfachen armen Juden, die stehenblieben, um ihm den Mantelsaum zu küssen.«

Er arbeitete als Journalist in Paris, als Korrespondent der Wiener *Neuen Freien Presse.*

Diese Verwandlung trat 1891 mit ihm ein. Als Doktor der Rechte hatte er sich zuerst in der schwarzen Robe als Gerichtsreferendar in Salzburg versucht. Aber das tiefe Gefühl für seine Herkunft ließ ihn nicht ruhen. Er gab die Robe für einen Reisekoffer auf, um sich ein wenig anzusehen, wie die Erde beschaffen war.

Während er unterwegs war, hatte er einige seiner Beobachtungen an die Tageszeitungen seines Landes geschickt, und sein Ton begeisterte die *Neue Freie Presse.* Sie bemühte sich, ihn aufzuspüren, entdeckte ihn in Spanien und schlug ihm den Posten in Paris vor.

Der unbekannte Reisende willigte ein. Alte französische Parlamentsjournalisten brauchen nur ihr Gedächtnis zu bemühen. Sie werden unseren Mann dabei sehen, wie er auf den Stufen zur Rotonde, zur Abgeordnetenkammer schreibt. Die ausländischen Kollegen arbeiteten in der Tat auf der Treppe. Sie wurde in den letzten Jahren durch einen Aufzug ersetzt. Der neue Mose auf der Treppenstufe! Aber der Generalsekretär des Präsidiums ist nicht verpflichtet, ein Zauberer zu sein!

Herzl hatte Erfolg. Er schrieb ein Buch, *Das Bourbonen-Palais,* das die schönen Tage Mitteleuropas beschreibt. Man spielte seine Stücke in Wien, in Berlin. Die *Neue Freie Presse* ernannte ihn zum Feuilletonchef. Für den schönen Mann war das Leben schön, als plötzlich ...

Als plötzlich die Affäre Dreyfus losbrach.

In den Straßen von Paris hörte man den Schrei: »Tod den Juden!«

Bis dahin hatte Herzl unbeschwert gelebt. Man erzählt oft, daß er in jungen Jahren zum Arzt seiner Familie gesagt haben soll: »Es gibt für uns Juden nur eine Möglichkeit, eine anerkannte Nation zu bilden, indem wir nach Palästina gehen.«

– Wer wird uns dort hinführen? Und er soll geantwortet haben: »Ich!«

Seither schien er seine Mission vergessen zu haben. Wie alle seines Volkes hatte er seine *Bar Mitzwah* (Sohn der Pflicht, d. h. Feier der religiösen Mündigkeit) gehabt und hatte in der Synagoge eine kleine Rede auf Hebräisch gehalten. Weitere Verlautbarungen gab es von ihm nicht. Er hielt sich ohne Zweifel für einen guten österreichischen Staatsbürger.

Der Schrei »Tod den Juden« schlug wie ein Blitz in seine Seele. Er hielt inne. »Ich bin ebenfalls Jude«, sagte er zu sich.

Daß sich dieser Schrei in Frankreich erhob, warf ihn völlig aus der Bahn. Frankreich hatte Juden seit mehr als hundert Jahren die vollständigen Menschenrechte zuerkannt. Es stand an der Spitze aller Nationen im Herzen Israels. Wenn hier so plötzlich der Boden unter ihren Füßen nachgab, wenn man auf alle den Verdacht gegen einen einzelnen übertrug, dann war ein Jude selbst in seinem bevorzugten Land nicht bei sich zuhause.

An diesem Tag fühlte Herzl seine Mission auf sich einstürzen. Er brach mit seinem Leben, seinen Erfolgen. Ihn packte ein Fieber.

Der erste Schritt seiner neuen Inkarnation lag darin, daß er sich an seinen Berufsstand wandte: Er schrieb ein Buch.

Ein Buch? Eher ein Gesetzestext. Den fünf Büchern Mose fügte er das seine hinzu. Er öffnete seinem Volk die Augen und sagte zu ihm: »Sieh dir an, wo du nach neunzehn Jahrhunderten des Wanderlebens hingekommen bist.« Und nachdem er ihm seinen Zustand vor Augen geführt hatte, warf er wie auf einer großen, der ganzen Welt sichtbaren schwarzen Tafel das Problem der Rückkehr nach Palästina gegenüber den vierzehn Millionen verstreut lebenden Juden auf und zog daraus den Schluß.

Das Buch trug den Titel: *Der Judenstaat.*

»Ich hatte nie zuvor etwas in so einem Zustand der Erregung niedergeschrieben, hat er gesagt. Heine berichtet, daß er über seinem Kopf das Schlagen von Adlerschwingen hörte, als er einige seiner Verse verfaßte. Ich hörte über mir so etwas wie ein Brausen in der Luft.«

Aber dieses Buch war alles und nichts. Herzl hatte sein Fundament gelegt; nun mußte das Monument errichtet werden.

Herzl brach zu einem Kreuzzug auf. Es gibt nichts Vergleichbares in der neuesten Zeitgeschichte. Zunächst eilte er zum Baron Maurice de Hirsch. Wenn man kein Geld hat und man einen Staat erschaffen will, dann muß man zuallererst an die Banktresore klopfen. Baron Hirsch hatte Hunderte von Millionen für die Not der Seinen bereitgestellt. Er hatte zu ihren Gunsten für fünfzig Millionen Land in Argentinien gekauft. Er war ein Mann, den man für seine Sache gewinnen konnte.

Herzl stellte für den Baron eigentlich nichts dar. Ein junger Mann, der ein Buch geschrieben hatte. Bei ihm sprach nicht ein Bittsteller vor, sondern der Botschafter künftiger Zeiten. Als der von einer solchen Haltung neugierig gemachte Baron anfing, sich mit seinem Gast unterhalten zu wollen: »Lassen Sie uns keine unnötige Zeit verschwenden«, schnitt ihm Herzl das Wort ab und klopfte auf die Druckfahnen seines Buches: »Alles ist darin bereits gesagt!« – »Und das Geld?« fragte der Finanzier. – »Ich werde eine Jüdische Nationalanleihe über 10 Milliarden Mark auflegen«, antwortete der Journalist. Man versichert, daß Hirsch erwiderte: »Rothschild wird hundert Sous geben, und die anderen Juden gar nichts.« Die Angelegenheit mit den zehn Milliarden hatte sich am Ende des Gesprächs erledigt. Aber am nächsten Tag schrieb Herzl an Hirsch: »Ich würde Ihnen gerne meine Banner zeigen, wie ich sie sich entfalten höre. Und wenn Sie mich ironisch gefragt hätten: ›Eine Fahne, was soll das sein? Ein Fetzen Stoff am Ende einer Stange?‹ Ich würde Ihnen dann antworten: ›Nein, Monsieur, eine Fahne ist mehr! Mit einer Fahne führt man die Menschen, wohin man will, sogar ins Verheißene Land.‹«

Baron Hirsch starb. *Der Judenstaat* erschien. Herzl wandte sich an Zadok Kahn, den Großrabbiner in Frankreich. Zadok Kahn wollte auf gar keinen Fall nach Palästina. Im Grunde war Herzl ein Ausländer, ein Österreicher, und er berührte eine fürchterliche Frage. Und Herzl soll zur Antwort gegeben haben: »All das geht Sie nichts an? Gut! Sie sind französischer Israelit? Auch gut! Mein Vorhaben ist in der Tat eine innerjüdische Angelegenheit. Also auf Wiedersehen!«

Von seinen ersten Fischzügen brachte er nur einen Anhänger mit: Max Nordau.

Der zionistische Gedanke, der von Herzl ausstrahlte, hatte die Grenzen überschritten. Er rief zu einem weltweiten Kongreß auf. Das war das Signal, auf das die Leute nur warteten, um mit einem Gegenangriff zu beginnen. Rabbiner aus London, aus Wien starteten die ersten Ausfälle. Die deutschen Rabbiner verurteilten einstimmig den falschen Messias. Um die Flut einzudämmen, die ihn ertränken wollte, gründet Herzl eine Zeitung, die *Welt,* und antwortet ihnen mit diesem Wort: *»Synagogendiener.«* Die Rabbiner gewinnen die Oberhand. München, wo der Kongreß stattfinden soll, weigert sich, ihn zu beherbergen. Herzl macht kehrt und entscheidet sich daraufhin für Basel.

Ach, diese Tage von Basel! Was für ein Schauspiel! Zum ersten Mal seit mehr als neunzehn Jahrhunderten versammelt sich wieder Israel. Polen, Ungarn, Deutsche, Franzosen, Russen, Holländer, Amerikaner, Ägypter, Mesopotamier, Jemeniten, das heißt Dunkelhäutige, wenn nicht Schwarze. Glattrasierte, aber vor allem Bärte und nochmals Bärte. Und die Schläfenlocken schwangen hin und her! All diese Brüder, die sich nie zuvor gesehen hatten, betrachteten sich verblüfft. Herzl bebte innerlich angesichts dieser lebenden Weltkarte. Würde sein Atem diese Seelen erwärmen können, um schließlich nur eine einzige zu gewinnen?

Er stieg auf die Rednertribüne und warf wortlos seinen berühmten Blick in die Menge. Und dann fand dieses übernatürliche Ereignis statt. Die Versammlung zögerte einen Moment, erhob sich dann fasziniert. Das verstreute Volk hatte soeben die Gestalt des Volkes erscheinen sehen. Nach einer Viertelstunde des Taumels übertrug Ben-Ami den einen einzigen Gedanken in Worte, als er den alten hebräischen Ruf gegen Herzl ausstieß: *Jechi Hamelech*! Es lebe der König!

*

Er suchte Wilhelm II. in Berlin auf. Die Staatskanzleien waren voller Aufregung über die Baseler Ereignisse. Der Kaiser war neugierig auf diesen seltsamen Mann. Er empfing ihn. Genau zu diesem Zeitpunkt bereitete Wilhelm seine Reise nach Palästina vor mit der Zwischenstation Konstantinopel. Herzl fuhr weiter nach Konstantinopel. Lag nicht seine Absicht darin, vom Sultan die Freigabe Palästinas gegen Bargeld zu erlangen? Wer anderes als Wilhelm könnte beim Großtürken die Angelegenheit zur Sprache bringen? Denn wir wußten zu jener Zeit nicht um den maßgeblichen Einfluß Deutschlands auf die Türkei, er aber kannte ihn. Und Wilhelm empfing Herzl ein zweites Mal in Yildiz-Kösk. Bei dieser Unterredung war Kanzler Bülow anwesend. Herzl trat bereits wie ein Staatschef auf. Ihm fehlte nur noch der Staat! Der Verlauf ihrer Gespräche war so, daß Herzl, der in Begleitung einer zionistischen Delegation auftrat, Wilhelm nicht zu Atem kommen lassen wollte. Wilhelm ginge nach Jerusalem? Herzl würde auch nach Jerusalem fahren. Er fuhr ab. Und als beim feierlichen Eintreffen des Kaisers in der heiligen Stadt Wilhelm hoch zu Roß Herzl in der Menge sah, trieb er sein Tier vorwärts und beugte sich herab, um dem König ohne Krone die Hand zu reichen. Erneute Zusammenkunft in Jerusalem. Begeisterung der Juden. Rückkehr Herzls nach London. Zehntausend dicht gedrängte Juden wollen ihn hören. Herzl verkündet, daß die Zeiten nahe seien. Ganz Osteuropa erschaudert, Hände strecken sich dem Messias entgegen.

Die Tage verstreichen. Nichts Neues am jüdischen Horizont. Das Volk murrt.

*

Herzl fuhr abermals zu einem Treffen mit dem Sultan nach Konstantinopel. Er wollte ihm eine Karte zeigen. Der ottomanische Hof versperrte ihm den Zugang zum Palast. Man würde zunächst gerne einen Blick auf das

Gold werfen, das Gold, von dem Herzl sprach. Die Türken waren an ihm weniger als Prophet denn als Alchimist interessiert! Der Prophet gewann die Oberhand. Abdul Hamid lud Herzl in den Selamlik. Nach der Gebetsstunde empfing er ihn. Den Eindruck, den der Jude auf ihn machte, brachte der Kalif ohne Zögern zum Ausdruck: Das ist Jesus Christus! rief er, als er ihn eintreten sah.

Herzl verließ den Ort mit einer gewissen Hoffnung und dem Band des Medjidie-Ordens. Es ging nur noch darum, das nötige Geld zu besorgen. Paris lachte ihn aus. London versprach die Geldmittel, aber zuvor wollten die Engländer die Unterschrift des Sultans unter die Charta einsehen. Der Sultan wollte aber zunächst das Geld in Augenschein nehmen, bevor er seine Unterschrift gab.

Herzl scheiterte am Ende, er stolperte über die Herzen aus Gold der jüdischen Bankiers.

Er wandte sich an Carnegie, den Mann der Wohltat; an Cecil Rhodes, den Geschäftsmann. Der Geschäftsmann schien anzubeißen. Er starb.

Herzl fuhr wieder nach Konstantinopel ... Der Sultan bewirtete ihn in Therapia wie einen Prinzen, mit Ordonnanz und Karosse. Herzl und der Großwesir traten in Verhandlungen. Herzl bat darum, daß der Sultan eine jüdische Besiedlung Palästinas genehmigte. Der Sultan bot andere Gebiete in Kleinasien an, schloß aber Palästina aus.

Das war für Herzl der Zerfall der letzten Mauer des Tempels.

Er brach nach Rußland auf. Er traf Plehwe. Er traf Witte. Die Gespräche, die er mit diesen Männern führte, wurden dem Zaren unterbreitet. Er ließ ihm ausrichten, daß Rußland keine Begegnung zulassen würde, die den Ungehorsam russischer Juden bestärken könnte, aber wenn es darum ginge, ihre Anzahl zu verringern, würde man Herzl unterstützen.

Zu dieser Zeit hatte er die Offenbarung von Wilna. Bei seiner Rückkehr machte er dort halt. Wilna ist das Jerusalem des Schnees. Zehntausend Juden umringten das Hotel des neues Messias und jubelten ihm zu.

Der russische Gouverneur ließ Kosaken aufmarschieren. Ihre Peitschen fingen an zu tanzen. »Was ist nur los?« fragte Herzl. »Warum schlägt man auf diese Leute ein?« Man merkte sehr wohl, daß er noch nie dort gewesen war!

Man brachte ihn zum Bahnhof, sein Wagen war umgeben von Kosaken. Die Juden erhoben sich gleichwohl unter den Schlägen, um ihn zu preisen. Es gab sehr viel mehr Stockschläge als Lobpreisungen. »Es ist entsetzlich«, sagte Herzl, »entsetzlich.«

Herzl verlor darüber die Richtung aus den Augen. Angesichts solcher Tatsachen, mußte er Abstriche an seinem Ideal machen. Angesichts des in die Ferne rückenden Palästina mußte irgendeine andere Lösung gefunden werden. Er trat in Verhandlungen mit der englischen Regierung über das Gebiet von El-Arisch auf der Sinai-Halbinsel. Er dachte an die Insel Zypern. Er fuhr nach Kairo. Alles drohte zu zerplatzen, als ...

Als der große Chamberlain von einer Afrikareise zurückkehrte. Schon seit langem hatte der Jude den Engländer beeindruckt. Chamberlain schlug Herzl vor, mit den Seinen Uganda zu besiedeln! Herzl sagte nicht nein. Nun! ...

Nun, es gab einen schönen Tumult auf dem sechsten Kongreß, der ich weiß nicht mehr wo stattfand! Statt des Verheißenen Landes in den Busch von Schwarzen?

Laut André Spire »zerrissen sich die Juden die Kleider, fielen weinend zu Boden, knirschten mit den Zähnen«. Jeremia schleuderte einen Fluch gegen Herzl.

Bleich stellt sich Herzl der Menge. Er spricht mit sanften Worten, die die Herzen beruhigen. Er, ein Verräter? Meine armen Kinder. Und er rezitiert die Liebeserklärung an das Land der Herkunft, und alle sprachen gemeinsam mit erhobener Hand wie einst ihre in Gefangenschaft verbrachten Väter den Schwur der Hebräer nach:

Wenn ich dich vergesse, o Jerusalem,
möge meine rechte Hand verdorren.

Der Sturm, den Herzl entfacht hatte, kam nicht zur Ruhe. Mit dem Ruf: Tod dem Afrikaner, treffen Max Nordau, seinen Stellvertreter, zwei Revolverkugeln in Paris. Der bereits kranke Herzl flieht nicht vor diesem drohenden Unwetter. Er fährt nach Rom. Er wird die Sache der Juden im Quirinal und im Vatikan vortragen. Er trifft Tittoni, Merry del Val. Er trifft den König. Er trifft den Papst!

Er kehrt nach Wien zurück und beruft das oberste Aktionskomitee.

– Nein, meine Kinder, gab er den erbitterten Kontrahenten zur Antwort, die ihn noch immer den »Afrikaner« titulierten, ich werde euch nicht verraten, ihr könnt mir glauben! Seht mich an, ich bin aus Zion.

Nach dieser Zusammenkunft kehrte Herzl zu sich nach Hause zurück. Sein Atem kam zum Erliegen. Er schrieb auf ein Blatt Papier: »Mitten im Leben kommt der Tod.« Dann brach er auf … er verstarb in Edlach.

Er war vierundvierzig Jahre alt.

Herzl ist tot. Sein Traum lebt!

V

Der lange Weg der Juden

Was für einen Weg haben die Juden hinter sich!

Sie kommen aus dem dritten Zeitalter der Welt: genaugenommen von dem Tag her, als der Herr Abram zum Stammvater einsetzte und seinen Namen in Abraham änderte. Das geschah, so glaubt man, ungefähr im Jahr 1920 – vor Christus.

Zu diesem Zeitpunkt versprach auch der Herr Abraham, seinen Nachkommen die Erde zu übergeben, wo er und die Seinen leben würden wie Fremde, das heißt im Lande Kanaan.

Dann besiegelte die Beschneidung den Bund zwischen Gott und den Juden.

Ein wenig später breitete sich Hungersnot im Lande Kanaan aus, Jakob, der Sohn Isaaks, der Sohn des Abraham war, führte seine Familie nach Ägypten.

Joseph, Sohn des Jakob, war ein großer Geschäftsmann. Er wurde so vermögend, daß er nicht zögerte, alles Land in Ägypten zu kaufen.

Jakob starb. Joseph starb. Aber die Kindeskinder Abrahams mehrten sich in einem solchen Maß, daß sie sich bald über das ganze Land verbreiteten.

Ein neuer Pharao zeigte sich darüber sehr erschüttert: »Seht, sagte er zu seinem Volk, die Kinder Israels sind so zahlreich geworden, daß sie stärker sind als wir.«

Er befahl ihre Unterdrückung, und daß die Ammen ihre männlichen Neugeborenen töten sollten. Das war der erste Pogrom.

Da tauchte Mose auf in seinem Binsenkorb am Schilfufer des Nils. Man kennt seine Gespräche mit

Gott – als er erwachsen war, und wie er die Hebräer durch das Rote Meer in das Land Abrahams führte.

War das wirklich das Land Abrahams?

Ich stelle diese Frage, weil sie von brennender Aktualität ist.

Seit der Konferenz von San Remo im Jahr 1920 (nach Christus), wo der Oberste Kontrollrat der Alliierten den Engländern das Mandat übertrug, eine »Jüdische Nationale Heimstätte« in Palästina zu errichten, hören die Araber nicht auf, Betrug zu schreien.

Sie leugnen, daß Palästina die Wiege der Juden ist.

Und wie zum Beweis halten sie die Verse 3, 4 und 5 des 24. Kapitels der Schöpfungsgeschichte empor:

»Abraham aber war alt geworden … und sprach zu dem ältesten Knechte seines Hauses: Lege doch deine Hand unter meine Hüfte; ich will dich schwören lassen bei dem Herrn, daß du meinem Sohne kein Weib nehmest von den Töchtern der Kanaaniter, unter denen ich wohne, sondern in mein Vaterland und zu meiner Verwandtschaft sollst du ziehen, ein Weib für meinen Sohn Isaak zu holen.«

Nun, dieses Land war Mesopotamien.

Abraham war daher in den Augen der Araber ein Eroberer!

Die Juden führten aus Ägypten allein die Knochen Josephs mit. Nachdem sie das Rote Meer durchquert hatten, schlugen sie an den verschiedensten Orten in den Hochebenen des Moab, die seither ihren Namen wechseln mußten, ihr Lager auf. Mose starb. Josua folgte ihm nach. Die Zählung des Volkes hatte zwölf Stämme ergeben. Neuneinhalb Stämme überquerten den Jordan und ließen sich in Palästina nieder. Zweieinhalb Stämme blieben diesseits des Flusses, in Transjordanien.

Und Juda folgte auf Josua. Und es kam das Zeitalter der Richter. Und es kam das Königtum. Saul, der Mann des Krieges, wurde der erste Herrscher. Und David, der Nachfolger Sauls, marschierte auf Jerusalem und entriß es den Jebusitern. Als gesalbter König von ganz Israel pflanzte er das Banner der Juden auf den Berg Zion, das heißt, er ließ die Bundeslade dorthin tragen. Und Salomon folgte auf David und ließ den Tempel errichten. Und Salomon starb. Und die Aufteilung des Landes begann. Und ein Schwall von Königen folgte. Und von Josua bis Herodes, das heißt im Verlauf von tausendvierhundertfünfundvierzig Jahren, unterwarf sie Krieg auf Krieg den Mesopotamiern, den Moabitern, den Kanaanitern, den Philistern. Und Nebukadnezar führt sie in die babylonische Gefangenschaft. Und der Tempel wird zerstört. Und Kyros der Perser schickte sie zurück nach Jerusalem. Und der Tempel wird wieder aufgebaut. Und dann kam Jesus Christus. Und siebzig Jahre später wird von Titus, dem Abgesandten des Völkerbunds ... pardon, Vespasians, seines Vaters, erneut der Tempel zerstört und Jerusalem verwüstet.

Daraufhin nahmen die Juden ihren Wanderstab und gingen in die Welt hinaus.

Offenkundig schrie Titus, ganz seiner Art entsprechend, bei seiner Rückkunft in Rom: »Ich habe einen Tag verloren!« Es war nicht dieser Tag, über den er sprechen sollte!

Wohin gingen sie?

Es gab welche, die das offene Meer fürchteten und andere, die es nicht fürchteten.

Die ersteren, weniger zahlreichen verstreuten sich in Richtung Babylon oder zogen hinunter nach Arabien. Eine kleine Gruppe verließ sogar nie das Verheißene Land. Ihre völlig arabisierten Nachkommen befinden sich noch in unseren Tagen in einem Dorf in Galiläa, das ganz einfach Peking heißt!

Die Mehrheit fuhr auf Galeeren davon.

Es ist anzunehmen, daß einige unter ihnen an den verschiedensten Orten der Mittelmeerküste anlangten. Doch der größte Teil erreichte die westlichen Ufer, die heute unter dem Namen spanische oder französische Küste bekannt sind. Ich würde gerne darüber sprechen, was sie dort machten, aber ich weiß es nicht.

Man könnte annehmen, daß sie ohne Unterbrechung weitergingen, getrieben von Hoffnungslosigkeit, und daß sie sich nur dann umdrehten, wenn der Wind ihren Bart nach hinten geworfen hatte. Ich sehe sie, wie sie in zahllose Kolonnen aufgeteilt den Flußläufen und Bächen folgen, und an ihrer Spitze ein Anführer, der nur eine einzige Sache trägt: ein Pergamentpapier, das Gesetz!

Waren sie glücklich während der ersten acht Jahrhunderte unserer Zeitrechnung? Ich hoffe es. Wenn nicht, so empfinde ich ziemlich lebhaft die Angst, die sie bedrückt haben muß, als sie erfuhren, daß der päpstliche Stuhl Karl den Großen damit beauftragt hatte, den Okzident in ein Reich umzuwandeln, wo das Christentum herrschen sollte.

Die Anführer entrollten zweifellos ihre Pergamentrolle. Die Juden scharten sich um ihr Gesetz. Sie lasen es und lasen es wieder. Kein Irrtum, ihr Gesetz widersprach den Anordnungen Karls des Großen. So begannen sie in Konflikt zu geraten mit dem Herrscher über die Lande, wohin sie gegangen waren!

Und der erneute Leidensweg der Juden begann. Das Kreuz, das sie für Jesus geschnitzt hatten, fing an, sie zu verfolgen. Karl der Große starb. Die Jahrhunderte gingen dahin. Man teilte Europa auf. Zu welchem König eines Landes sie sich auch hinwandten, das Kreuz warf sie mit seinem immer länger werdenden Schatten zu Boden.

Feindseligkeit umgab sie. Kamen sie näher, murrte die Menge. Die Thora war in Gefahr. Es war nicht mehr daran zu denken, sorglos unter den Heiden ein Lager aufzuschlagen. Sie blieben dort, wo sie waren, und duckten sich nieder. Wenn die Angst die Augen öffnet, so beschränkt sie den Horizont, so daß sie sich in ein und demselben Viertel zusammendrängten. Das war die Geburtsstunde des Ghetto, dem Vaterland in den Vaterländern.

Wir sind im Mittelalter angekommen.

Aus Zigeunern, wenn man es so auszudrücken wagt, wurden merkwürdige Tiere. Des Sonntags drehten die Christen ihre Runde um die Ghettos, so wie man in unseren Tagen an den Käfigen in den zoologischen Gärten vorbeigeht. Es braucht nicht lange, bis die Dummheit Oberhand gewinnt. Die Juden wurden zu irdischen Dämonen. Die Einbildung sah sie bald mit einem Schwanz am Gesäß, mit Hörnern an der Stirn und lodernden Flammen auf den Lippen. Niemand hatte Zweifel daran, daß sie von den widerwärtigsten Krankheiten befallen waren. Sowie sie den Mund öffneten, war die Luft vergiftet. Ihre Knochen durchbohrten das Fleisch. Die Würmer fraßen sie bei lebendigem Leib. Die Väter verehelichten sich mit ihren Töchtern. An bestimmten Tagen verschlangen sie die Kinder von Christen. Und als die Pest ausbrach, waren sie die Urheber!

In diesen Vierteln, wohin sie sich freiwillig zurückgezogen hatten, schloß man sie also ein. Und um sie zu erkennen, machte man sie mit einem Kreis auf dem Ärmel erkenntlich.

Sie lebten vor allem in Spanien und in Deutschland.

Das Spanien der Inquisition wollte sie zwingen, der Thora abzuschwören. Viele wurden zu Christen, nicht aus Liebe zu Christus, sondern aus Angst vor Torquemada. Man nannte sie die Marranen. Spanien jagte sie schließlich fort. Die einen gelangten in die Niederlande, die anderen ließen sich vom Meer forttreiben. Die Letzteren erblickte man in Saloniki zur Zeit der Serails.

Etwa zur selben Zeit nahmen die Juden in Deutschland wieder ihren Wanderstab in die Hand. Die Cholera hatte das Land verheert, man ließ sie die Last der Schuld tragen. Sie brachen auf nach Polen, nahmen über die großen Fernstraßen ihre beweglichen Ghettos mit.

Hundert Jahre, zweihundert Jahre verstrichen, dann ging ein Stern, der aus dem Osten kam, über den dunkelsten Ghettos auf. War es endlich das lange erwartete Auge des Messias? Sollte Israel seine Zelte zusammenfalten und wieder ins Land Kanaan ziehen? Es fehlte wenig und alles daran. Dieser Stern war nichts anderes als ein Jude aus Smyrna. Er hieß Sabbathai Zwi. Seine verrückte Geschichte vom falschen Propheten löste solch einen Sturm im jüdischen Volk aus, daß der Sultan darüber unruhig wurde. Der nach Konstantinopel befohlene Sabbathai Zwi zog es vor, doch lieber nicht gehängt zu werden. Der Vorläufer von Theodor Herzl wurde Mohammedaner! Ein Windhauch der Hoffnung erlosch. Und die Zelte der Ghettos, die schon voller Leichtigkeit an der Stangenspitze flatterten, sanken wieder einmal ermattet auf fremden Boden zurück.

Man muß wissen, daß nicht alle Juden inmitten der Herden verblieben, die auf den Weiden des westlichen Europas ästen. Sowohl in Spanien als auch in Deutschland, in Polen, in der Ukraine eroberten viele aus der Intelligenz Plätze an der obersten Spitze. Indem die Kirche ihnen untersagte, an den Angelegenheiten des Staates teilzuhaben, und sie statt dessen auf den ruchlosen Handel mit Gold verwies, hatte sie damit, ohne es zu wollen, die besten Staatsmänner vorbereitet. Die einen wurden Kanzler in Spanien, die anderen Geheimminister deutscher Fürsten. Die polnischen Herrscher schätzten von nun an ihre geistigen Fähigkeiten hoch ein. Aber wenn man in Diensten der Großen steht, irritiert man das gemeine Volk. Dieses Mißtrauen schlug bald um in Haß. So sehr, daß etwas Entsetzliches geschah: Chmelnizkij, der Hetman der ukrainischen Kosaken, zog durch die Ghettos und ließ dreihunderttausend Juden erschlagen.

Um sich zu trösten, stürzte sich Israel in den *Zohar*. Ich will sagen, daß Baal Schem Tow erschien.

Baal Schem Tow lebte vor zweihundert Jahren. Er war, so scheint es, Holzfäller in den Karpaten. Der Herr geruhte, auf diesen Wegbegleiter der Wölfe seine Gedanken hinabzusenken.

– Lasse ab von deiner Axt, sagte er zu ihm, nimm ein Fuhrwerk, durchquere die Karpaten und fahre nach Polen, um meinen Juden zu sagen, daß sie verlernt haben, zu mir zu sprechen. Ihre Seele ist so ärmlich wie ihre Kleidung. Aus Angst, meinem Blick zu begegnen, starren sie auf ihre Stiefelspitzen. Sie weinen, sie wehklagen. Gebeugt unter welcher Last auch immer werden sie eines Tages auf allen vieren kriechen. Dieses Volk, das eigentlich glücklich darüber sein sollte, von mir auserwählt worden zu sein, sehe ich in Kummer versinken. Das Licht im Antlitz meiner Juden verlischt, und die Bärte vertrocknen ihnen am Kinn.

»Sag ihnen, daß sie ihr Haupt erheben mögen. Statt zu wehklagen, sollen sie singen, statt zu zittern, sollen sie tanzen, statt zu fasten, sollen sie sich berauschen. Genug der Tränen, es lebe die Freude!«

Baal Schem Tow legte seine Axt nieder. Er bestieg einen Wagen und fuhr los nach Polen. Überall pochte er an die Türen der Synagogen und rief:

– Hoppla, was preßt ihr eure Stirn an die Erde? Ich überbringe euch das Wort des Ewigen. Erhebt euch und tanzt, eßt, trinkt, raucht, singt! Laßt euren Geist sich ausruhen: er ist verknöchert, seit der Zeit, wo er nur noch jammert, aber euer Herz ist noch unverbraucht; hört auf seinen Schlag.

»Schließt den Talmud! Was ist das schon? Höchstens ein unverständliches Geschreibsel veralteter Schriftgelehrter. Hier ist das allerneueste: Der *Zohar*, das Buch der Herrlichkeit! Schlagt es auf und lest!«

Fast ganz Israel lauschte Baal Schem Tow. Er las aus dem *Verrückten Zohar*. Danach fing er an zu beten, tanzte dabei, aß, trank, rauchte und sang. Das war die Geburtsstunde des Chassidismus. Und aus dem Chassidismus entstanden die Wunder. Und Baal Schem Tow, genannt Baalschem, der Holzfäller aus der Marmarosch, wurde der erste Wunderrabbi. Und ...

Und dann kam die Französische Revolution. Frankreich lehrte die Welt, daß der Jude ein Mensch sei und kein Dämon. Aber Europa ist untereinander abgeschottet. Die Neuigkeit konnte nicht überallhin vordringen. Sie kam ziemlich genau nur bis Wien. So fanden sich die Juden zweigeteilt. Die im Westen, die unsrigen, die man kennt. Sehen wir uns also die anderen an.

VI

Da sind sie!

Bei 36 Grad unter Null heißt es, sich den Schnurrbart abzurasieren. Denn sonst ist er schwer zu tragen, und das ermüdet. Man hat nun keine Barthaare mehr unter der Nase, sondern Eisklumpen. Je mehr man versucht, sie mit dem Atem wegzuschmelzen, um so größer werden sie. Die animalische Ausdünstung kommt nicht an gegen die Kälte Böhmens.

So komme ich als Schneemann nach Prag. Man kann sich rasieren, man denkt darüber nach, sich die Nase, die Ohren, die Zehen abzuschneiden. Herr Osusky, Minister der Tschechoslowakei, der mich bis ans letzte Ende seines Landes unter dem Vorwand schickte, daß ich, wenn ich schon Juden aufsuchen wollte, sie dort vorfinden würde, hatte mir geraten: »Ziehen Sie sich warm an!« Herr Minister, ich hatte drei Paar Wollsocken übereinander an, Gamaschen und Kanalarbeiterstiefel. Was die Ohren angeht, sah ich, wie ihre Landsleute die ihren gekonnt unter einer Art Kopfhörer verbargen.

Ich bin in Frankreich aufgewachsen, das heißt unter dem Schrecken des Telefons. Und selbst wenn der Kopfhörer in zwei winzigen Rauten aus Samt endet, ich weise ihn zurück. Hätte ich ihn trotzdem gekauft, ich hätte ihn jemandem anderen überlassen, aber die Nase? Ich hatte ein Scherenetui in meinem Gepäck, das stimmt. Man hätte mich wohl mitten auf der Straße abgesetzt und mich vielleicht zu den Verrückten gebracht. Das wäre schade gewesen: Prag im Schnee ist eine so wunderhübsche Dame!

Ich entschloß mich, den jüdischen Friedhof und die Synagoge aufzusuchen. Sie stellen die ältesten Vermächtnisse der Existenz Israels in Europa dar. Beim Eintritt in ein Ghetto sind sie die beiden großen Marksteine des messianischen Weges im Okzident.

Es ist eigentlich kein Friedhof, sondern eine Massenerhebung von Grabplatten, ein dichtes Gedränge von Steinen und Gräbern. Hier sieht man Juden, soweit man sie erahnt, wie sie sich die Füße platt treten, sich gegenseitig erdrücken, nicht um einen Platz an der Sonne zu erlangen, sondern ein Loch unter der Erde. Zu dieser Zeit mußten die Lebenden, wie groß auch immer ihre Anzahl war, in den Ghettos bleiben und die Toten sich auf dem Friedhof zur Ruhe begeben. Man vergrößerte weder das eine noch das andere. Es war schon viel, daß man ihnen ein Stückchen christlichen Bodens überließ.

Die mit hebräischen Inschriften versehenen Stelen liefern sich eine Schlacht, umfassen den anderen in der Mitte, um sich besser aus dem Boden emporzuziehen. Die eine oder andere lehnt sich nur noch an, erschöpft von der Anstrengung. Viele sind besiegt und einfach zu Boden gefallen, bezeugen die Heftigkeit des Kampfes. Wieder andere, die ihre Stellung endgültig absichern wollten, stehen senkrecht im Boden verwurzelt. Die Hartnäckigsten stecken in alle Richtungen in der Erde, werden von links und von rechts berührt, neigen sich wild entschlossen über den anderen. Und wir reden nur von der letzten Etage, die das oberste Stockwerk ist, worunter sich weitere sieben oder acht Schichten von Toten befinden, die das Grundstück anfüllen. Das ist also kein Ort der Ruhe, sondern ein makaberer Tummelplatz.

Tauben, Löwen, Bären, Blumensträuße, eine Blüte, Weintrauben, kleine Behältnisse, gefaltete Hände,

Hähne, Wölfe, Kälber, all das ist in diese Steine ge-
hauen und kündet vom Stamm oder vom Namen. Vor
Maria Theresia von Österreich hatten Juden keinen of-
fiziellen Namen. Als die Kaiserin beschied, sie registrie-
ren zu lassen, mußten sie erst einmal, nur zivilrechtlich,
eine Namenstaufe bekommen. Doch Deutschland, Böh-
men, Ungarn schlug für sie nicht den Heiligenkalender
auf. Daß ein Jude einen Namen erhielt, war das nicht
schon ein gefährliches Entgegenkommen? Um die Trag-
weite zu mildern, würde man ihnen nur Namen von
Dingen oder Tieren geben. Die Armen hatten allein das
Recht auf einen gewöhnlichen Tiernamen. Jene, die ein
paar Kreuzer besaßen, waren ermächtigt, als Namens-
patron ein edles oder auch wildes Tier zu erwählen.
Und jene, die über Gold verfügten, konnten sich den
Namen einer Blume leisten. So wurde aus dem Reichen
Blum, während der Proletarier von nun an Schwein
hieß.

Die Glücklichsten unter den Toten waren die vom
Stamm Aaron. Ihre edle Herkunft untersagte es ihnen,
sich an unsauberen Orten aufzuhalten, so hatte man sie
am Rand dieses Schlachtfelds begraben.

In nur hundert Meter Entfernung vom Friedhof steht
die Synagoge. Sie ist klein. Aber das macht bei ihr nicht
den Unterschied aus. Was ist es dann? Sie weckt den
Eindruck, als befände sie sich unter einer Maske. Sie ist
tatsächlich in gotischem Stil erbaut. Man hatte diesen
Unglücklichen eine Synagoge errichtet, die einer Kirche
ähnelt! Der Architekt, ein Christ, hatte die Spitzbogen
gekreuzt und ihnen Kreuze an die Decke gemalt! Dieser
Tempel leugnete seinen Gott. Später fügten sie einen
fünften Arm hinzu, aus dem alleinigen Grund, das un-
versöhnliche Zeichen durcheinanderzubringen.

Es bedarf keiner großen Vorstellungskraft, um sich

die Trostlosigkeit des verdammten Volkes in der Nähe dieser armseligen Steine vorzustellen. Der Geist versammelt sie gern so, wie sie waren, und so, wie sie es noch immer sind, um dieses Gebetshaus. Verfolgt, geschlagen, verhöhnt, außerstande ihr Konzentrationslager zu verlassen, der Magie, der Hexerei, der Verbreitung ansteckender Krankheiten bezichtigt, äußerlich mit einem Kreis gekennzeichnet, gingen sie gebeugt, bleich und mager, der Bart verweht, den Blick gesenkt, mit großen Schritten durch schmale Gassen zu dieser allerersten Synagoge. Sie war ihr einziges Vaterland. Nur dort belebten sie ihre Seele. Unter diesen Deckenbögen vergaßen sie die böswilligen Könige ihrer Tage und warteten sehnsuchtsvoll auf den Messias. Er war, und nur für wenige Stunden, für sie das gleiche wie unsere Waffenruhe Gottes im Jahre Tausend, die von Mittwoch bis Montag jede Gewalttat vorübergehend außer Kraft setzte. Traten sie wieder hinaus, blickten sie mit fragenden Augen auf diese jüdische Turmuhr, deren Zeiger verkehrt herum gingen. Warum waren sie nicht selbst rückwärts gelaufen?

Und dann gibt es noch den Christus auf der Karlsbrücke. Er ist das dritte Zeugnis ehemaligen jüdischen Lebens in Prag. Das war im Jahr 1692. Ein Jude, der die Moldau überquerte, spuckte auf den Jesus am Kreuz. Man verurteilte den Übeltäter zum Tode und das Ghetto zur Wiedergutmachung der Beleidigung. Die Juden ließen den Jesus vergolden, und seit jenem Tag, das war die allerhöchste Wiedergutmachung, trägt das Kreuz die hebräische Inschrift: »Gebenedeit, dreimal gebenedeit sei der Name Jesus Christus.«

*

Ich werde den Zug nehmen. Ich verlasse die zivilisierte Welt und begebe mich in das Land der Ghettos. Der Hotelpförtner hat mir eine kleine Flasche gegeben, die ich bei mir trage. Sie enthält keinen guten Tropfen, sie dient nicht dazu, das sich mir die Nase rötet, sondern daß ich sie einreibe, und zwar mit Petroleum. Sobald sich meine Nasenspitze weiß färbt, ist die Zeit gekommen, sie einzureiben. Aber ich habe keinen Spiegel; wie kann ich da die Farbe meines Appendizes überprüfen? Vielleicht geben mir aufmerksame Mitreisende eine Vorwarnung?

Ich fahre zuerst nach Mukatschewo. Selbst wenn Europa nicht polar ist, so ist dies doch vierundzwanzig Stunden entfernt von Prag. Ansonsten weiß man nichts weiter. Vor dem Krieg war dieses Land ungarisch; heute gehört es zum äußersten Rand der Tschechoslowakei. Man nennt es auch das südkarpatische Rußland. Tatsächlich ist es Ruthenien …

Achtzehn Stunden gab es keine besonderen Anzeichen. Meine Nase hielt sich gut. Wir sind inzwischen in Batu. Adieu, die angenehme Strecke nach Bukarest! Ich werde jetzt eine Kleinbahn nehmen, die mich tief in die Karpaten bringen wird.

Und da sind sie! Da sind die Juden! Ich habe zuerst gedacht, es handele sich um Leute, die heute morgen von dem am wenigsten erforschten Planeten zu uns heruntergekommen sind; aber es waren in der Tat Juden. Sie sahen ganz schwarz aus vor dem Schnee, und ihre Bärte und ihre Kaftane verliehen ihnen das Aussehen von Zypressen. Aber diese Zypressen zitterten vor Kälte, als der Wind Bart und Kaftan anhob. Nun, ich gestand mir in meiner großen Verwunderung ein, daß ich das nicht erwartet hatte. Oh, meine Ignoranz, wo ich doch glaubte, alle Arten von Menschen auf der Erde bereits zu kennen! Und diese hier lebten in Europa, nur fünfundvierzig Stunden von Paris entfernt?

Unruhig (unruhig wovor?) gingen sie auf dem Bahnsteig auf und ab, musterten alles und jedes mit tastendem, prüfendem, fragendem Blick. Sie ließen einen an Städter während des Krieges denken, wenn ein feindliches Flugzeug über ihrem Wohnort kreiste. Diese Juden schienen den nahe liegendsten Schutzraum zu suchen, und trotzdem blieben sie draußen. Sie trugen Bündel über der Schulter oder kleine Schachteln in der Hand. Man rechnete damit, daß sie einem etwas zum Verkauf anboten, wie mit Teppichen beladene Araber es tun. Und wenn ein Paar ein Gespräch anfing, dann übersetzten ihre beweglichen Hände so vollkommen ihre Worte, daß man von weitem den Eindruck gewann, an dieser gestenreichen Unterhaltung teilzuhaben.

Ich zog meinen Fotoapparat hervor und wollte eben eine Aufnahme machen. Haben Sie schon einmal einen Stein in eine Ansammlung von Spatzen geworfen? Meine Juden flohen davon. Vielleicht treffe ich sie nicht noch einmal so wunderschön beieinander? Ich folgte ihnen mit meinem Apparat. Die einen liefen einfach weg, die anderen verbargen ihr Angesicht unter den Händen, die mutigsten drohten mit der Faust. »Das frißt keine Menschen«, rief ich ihnen zu, »es tut nicht weh!« Wie in all diesen Gegenden spricht man elf Sprachen, von denen die bekanntesten das Weißrussische, das Tschechische, das Ungarische und das Jiddische sind, mein Französisch hatte wenig Erfolg.

Sie sahen sehr wohl, daß ich kein Kind des Herrn war. Ich hatte in der Tat das Gesetz vom Sinai vergessen: »Du sollst dir kein Gottesbild machen, in keinerlei Gestalt, weder dessen, was oben im Himmel, noch dessen was unten auf Erden ist …« Ich steckte meinen Fotoapparat in die Tasche. Sie kehrten wieder zum Zug zurück. Aber ihr Blick war voller Entrüstung.

Eine halbe Stunde lang war ich der Gegenstand ununterbrochenen Geflüsters. Sie musterten mich verstohlen, gingen vor und hinter mir vorbei, drehten sich wieder um. Ihre Neugier war sehr stark und sprang ihnen förmlich aus den Augen. Sie waren weiterhin verblüfft. Was für eine Art Zweifüßler konnte ich wohl sein? Welches Unglück kam da auf sie zu? Sie hielten Rat. Selbst in den Dörfern im tiefsten Inneren Japans wurde ich nicht mit so viel Mißtrauen betrachtet.

Schließlich stiegen sie in die Kleinbahn. Auch ich stieg ein. Sie waren neunzehn auf der Rückfahrt nach Mukatschewo. Sie drängten sich in zwei Abteilen zusammen. Ich trat in ein drittes, das von dem ihren durch eine durchbrochene Blechscheibe getrennt war.

Der Zug fuhr los.

Es gab jetzt in dieser Landschaft nichts als unseren Zug und den Schnee. Die Steppen waren weiß bis hinauf zu den weiten Bergen, und die Berge waren weiß bis hinauf zum Himmel. Plötzlich hörte ich, wie eine Art Rezitativ das Nachbarabteil füllte, ein schwermütiger musikalischer Satz. Ich preßte meine Stirn an das durchbrochene Blech. Eine der menschlichen Zypressen stand in einer Ecke des engen Gevierts. Die Augen geschlossen, die Schläfenlocken in heftiger Bewegung, das Gesicht voller Erregung, den Körper gleichmäßig hin- und herschwingend wie eine Pendeluhr, sprach er einen Psalm. Die anderen standen ebenfalls, sie hatten den Rücken gebeugt und den Kopf geneigt, die Lider gesenkt, sie zitterten am ganzen Leib und bewegten die Lippen.

Das Haupt der Gruppe geriet in Erregung. Fromme Verzückung erfüllte den Waggon. Dem Ton der Vertraulichkeit folgte die gebieterische Stimme des Gläubigen. Nun riet er nicht mehr, er befahl. Je mehr seine Gruppe sich Gott näher fühlte, um so mehr trieb er sie an.

Und auch die anderen verfielen in Trance. Ich glaubte, Anrufe und Antworten einer unbändigen Litanei zu hören. Unter geschlossenen Lidern brannte ein hingebungsvoller Blick. Die Karpaten stürzten in sich zusammen zwischen ihnen, die nicht aufhörten zu zittern, nicht wegen des vorherigen Schocks, sondern zum Ruhme Gottes, Abrahams, Isaaks und Jakobs.

Die Sonne ging unter.

Sie verrichteten das Gebet des *Mincha*.

VII

Und das ist nur Mukatschewo!

Aber von woher kommen sie?

Sind sie nun in ihrem südkarpatischen Rußland?

Ach, werden euch meine Augen gefallen? Seht ihr nichts Neues?

Abraham, sind das dort deine Kinder?

Und das ist nur Mukatschewo! Was verbergen die Schluchten und Bergkämme der Karpaten?

Wer hat ihnen den Weg in dieses Land gewiesen? Welcher Engel der Dunkelheit hat sie hierher geführt? Die Trostlosigkeit oder die Angst? Alle beide.

Sie flohen aus Mähren, aus Kleinpolen, aus Rußland. Die einen in früherer, die anderen in neuester Zeit, verfolgt von Gesetz, Hunger, Massenmord. Wenn man kein Vaterland hat und wenn ein anderes Land einen zurückweist, wohin geht man dann? Geradeaus. Die letzten, die aus Bessarabien gekommen waren, gingen hinüber nach Amerika. Das hier ist ihr Amerika!

In Mähren durfte jeweils nur einer aus einer Familie heiraten. Das war kein schlechter Gedanke, um ein Volk zu dezimieren. Hungersnöte haben sie von den Ufern des Dnjestr verjagt. Und seit 1882 haben fünf-zehn- oder sechshundert Pogrome in Rußland die Überlebenden in Marsch gesetzt.

Sie kommen von dort.

Das Land war entsetzlich arm, fast unbewirtschaf-tet. Wenn sie die Ohren spitzten, hörten sie nur das Heulen der Wölfe und das Präludium des Windes in den Tannenwäldern. Also blieben sie in der Erwar-tung, daß sie hier von niemandem gestört werden wür-den.

Es waren keine Israeliten, aber Juden. Ich betone das, weil man das verstehen muß. Die in Frankreich, England, Deutschland, Holland, Ungarn usw. Assimi-lierten haben bereits seit längerer Zeit auf ein rein jüdi-sches Leben verzichtet. Bei ihnen herrscht sehr viel mehr Okzident als Orient vor. Die Länder, die sie auf-genommen und denen sie loyal gedient haben, zogen Nutzen aus ihren Begabungen. Und mittlerweile sind sie israelitische Franzosen, ungefähr so wie man prote-stantischer oder katholischer Franzose ist. Unseren Begabungen fügten sie ihre hinzu. Das ist alles, was es darüber zu sagen gibt.

Jene aus Mähren, Polen, Rußland, unsere aus den Karpaten sind keine Israeliten, sie sind Hebräer. Sie sind mehr Hebräer, als der patriotische Déroulède Franzose war. Und als Hebräer wollten sie in diesen Bergen in Verborgenheit ein Leben führen, das bis auf einige Verbesserungen genau dem glich, das ihre Vor-

fahren seit dem Auszug aus Ägypten im Jahr 1500 vor
Christus geführt hatten.

Wo haben sie sich vor einer europäischen Infizierung
schützen können? Im Ghetto.

Das war ihr Zufluchtsort. Dort vergaßen sie die Belei-
digungen, dort klangen die brennenden Schmerzen der
Peitschenhiebe ab. Die Herrscher hatten nur vermocht,
daß sie sich dorthin zurückgezogen haben. Seit dem
sechzehnten Jahrhundert sind sie dort nicht mehr her-
ausgekommen. So stellten sie in Tausenden von Bruch-
stücken das verlorene Land wieder her, als unser Zeitalter gerade einmal hundert Jahre alt war.

Wovon und wie lebten sie in diesen Ghettos? Sie lebten von Träumen. Sie brauchen sie nur zu betrachten,
wenn Sie glauben, daß ich mich irre. Sie sind nicht mager, sie sind ausgehöhlt. Bleiche Wangen, eingedrückte
Mägen. Klopfte man mit dem Finger gegen sie, sie klän-
gen wie ein Geigenkasten. Denn ihre Träume sind nur
von Mais, wilden Früchten, Dörrgemüse und Abfällen
aus den Schlachthäusern umgeben.

Ihre Berufe? Sie haben keine. Das von der Kirche be-
herrschte Mittelalter gestand ihnen keinen einzigen zu,
bis auf jene, die die Christen nicht ohne Erniedrigung
hätten ausüben können: Goldhändler. Andererseits untersagte ihnen der Talmud, fremden Boden umzugra-
ben. Was blieb ihnen da noch? Wiederverkäufer und
Zwischenhändler, oder wenn sie keine eigenen Geschäfte machten, die anderer zu tätigen, von den klein-
sten bis zu den größten. Ein Beispiel: Ich komme in Mukatschewo an. Beeindruckt von der Entdeckung dieser
neuen Welt bleibe ich auf dem Gehweg stehen. Ruthenie-
sche Bauern klettern von ihren Holzwagen herunter.
Ein Dutzend Juden liegt auf der Lauer, den Bart sicht-
bar nach vorne gestreckt. Ein ruthenischer Bauer ist

nicht besonders böswillig. Er hat sein Holz zu schlagen gewußt, er bringt es her, was will er noch? Der Jude kommt, um es für ihn zu verkaufen. Wagen halten an. Zusammenkunft eines ganz in weißer Wolle gekleideten Bauern und eines Juden in rabenschwarzem Gewand. Man einigt sich rasch. Der Ruthene will so viel. Und meine Juden eilen schnellen Schrittes davon. Sie betreten kleine Läden, hasten Treppen hinauf, stoßen mit dem Schienbein gegen den Saum ihres Kaftans. Einer, der keine Gelegenheit auslassen will, dreht sich wieder um ... und bietet mir das Geschäft an!

Hätten sie diesem Mittelalter entfliehen können?

Im Jahr 1870 beabsichtigte die ungarische Regierung, die Karpaten zu madjarisieren, und forderte von den Juden, sich nicht länger als Nation zu verstehen, das Jiddische aufzugeben, ihre Religion zu reformieren, sich mit unseren wundervollen Anzugjacken und mit unseren wundervollen Hosen zu kleiden und sich die Schläfenlocken abzuschneiden. Die Intellektuellen akzeptierten das Verlangen, die Masse lehnte es ab. Erstere sind mittlerweile in Budapest Ärzte, Rechtsanwälte, Bankiers, Staatsbeamte, Offiziere. Sie sind überzeugte Nationalisten, Ungarn bis zur Hysterie. Sie haben das hebräische Volk verleugnet, danach haben sie es verraten. Als Juden aus der ersten Zone haben sie den Ungarn geholfen, die zweite Zone zu unterjochen.

Die befindet sich hier in ihrer ganzen Treue zu Mose. Abgewiesen von Ungarn, das sie abgewiesen hatten, ist ihr Körper hier geblieben, doch wohin ging ihr Geist? Zum *Wunderrabbi*. Der Wunderrabbi ist der Zauberer, der Wundertäter.

Diese Wunderrabbis haben sie zu dem gemacht, wie wir sie sehen. Sie haben sie daran gehindert, sich anzupassen und auszuwandern.

Sie sagen zu ihnen:

– Wenn ihr in die unreinen Länder fahrt, werdet ihr nicht mehr den heiligen Tag des Schabbat befolgen können. Man wird euch die Pejess abschneiden, ihr werdet nicht die Prophezeiungen sich erfüllen sehen, und Gott wird euch nur noch mit zornigem Blick anschauen. Wenn ihr eure Kinder auf die moderne Schule schickt, werden euch die Haare ausfallen, eure Söhne werden erblinden, eure Töchter in Sünde verfallen. Wenn ihr etwas anderes als das Wort Gottes lernt (sie lernen weder Geographie noch Arithmetik, nichts außer dem Lesen der Thora und des Talmuds), wird die letzte Mauer des Tempels zu Jerusalem einstürzen, die Thora wird in ihrem Schrein verdorren, und der Messias wird sein Kommen aufschieben.

Warten sie also noch immer auf den Messias? Ja! Deshalb ist ihnen alles andere gleichgültig. Lacht sie aus, pfercht sie in Spezialwaggons zusammen, verweigert ihnen den Besitz an Grund und Boden, aber vergehen Sie sich nicht am Schabbat, an der Thora, an ihren Schläfenlocken, denn der Herr hat gesagt: »Meine Ruhetage sollt ihr halten und euch vor meinem Heiligtum scheuen. Ihr sollt den Rand eures Haupthaars nicht rundum abscheren, auch sollst du den Rand deines Bartes nicht stutzen.«

Das Wunder war keine Angelegenheit von Kilometern. Die beiden Wunderrabbis, die im südkarpatischen Rußland wirken, leben in Rumänien, der eine in Wischnitz, der andere in Sziget. Der Kampf um die Einflußnahme in dem hiesigen Gebiet ist heftig. Jeder ist für den anderen nur ein Scharlatan. Sie versuchen sich gegenseitig durch falsche Prophezeiungen zu vernichten.

Man erfährt an einem Morgen in den Karpaten, daß der Rabbi aus Sziget vorausgesagt hat, daß an einem bestimmten Tag, zu einer bestimmten Stunde der Schnee nicht mehr die Erde bedecken würde oder daß der *Dibbuk* (die gequälte Seele eines Toten) in einer bestimmten Person wieder Gestalt annehmen werde. Die Gefolgsleute des Rabbis aus Wischnitz verbreiteten diese Gerüchte. Wenn dann nichts zutrifft, ist die Heiligkeit des Mannes aus Sziget leicht erschüttert. Die Betrugsmanöver überlagern das Geistige. Die Anhänger von Sziget schütten Petroleum in die Brunnen der Gläubigen von Wischnitz. Die von Wischnitz verwüsten die Gemüsegärten derer aus Sziget. Wundersamer Sand von Sziget findet sich wieder in den Maissäcken von Wischnitzgläubigen ...

Es erfüllen sich noch weitere Wunder!

Das Gesetz der Thora untersagt den Gläubigen, ihre Angelegenheiten von Ungläubigen regeln zu lassen. In diesen Gemeinschaften ist der Rabbi sowohl Richter als auch Prediger. Ich spreche von gewöhnlichen Rabbis. Die Wunderrabbis sind zu sehr mit dem Propheten Elias beschäftigt, um sich mit Alltäglichem abzugeben! Der Talmud ist ihr Gesetzbuch; der Rabbi urteilt in seinem Namen. Jeder zivilrechtliche Fall geht durch seine Hände. Ist jemand widerspenstig, bezichtigt man ihn öffentlich als Sünder. Beim Samstagsgebet in der Synagoge verflucht man ihn. Wehrt er sich? Der Rabbi steigt auf den Almemor, und im Angesicht der mittelalterlichen Menge, die vor Angst und Mitgefühl zittert, beginnt der Prediger des Talmud von der Höhe seiner Kanzel loszudonnern und mit der Stimme des Jüngsten Gerichts schleudert er das Urteil der Exkommunikation in den Raum. Rund um die zum Zeichen der Trauer geschwärzten Kerzen sprechen die Gläubigen die Gebete der Toten auf. Und im halbdunklen Tempel stoßen die von Jere-

mias ergriffenen, inzwischen entrückten Juden wilde
Klagelieder aus.

Das Schicksal des Verweigerers ist besiegelt. Niemand wird jemals wieder ein Wort an ihn richten.

Der Rabbi ist auch Arzt für Mensch und Tier,
Rechtsbeistand, Hebamme, Heiratsvermittler. Er hat
etwas für den Handel und die unfruchtbare Frau. Er ist
der große Zauberer Israels.

*

Es schneit über Mukatschewo. Die Nacht rückt näher.
Die Kälte drängte mich in mein Zimmer. Kaum war ich
eingetreten, ging ich schon wieder hinaus: Diese Juden
waren zu schön anzusehen! Zumal sie ungewöhnlicher
wurden als je zuvor. Sie trugen jetzt auf ihrem Kopf einen unvergleichlichen Hut spazieren, eine große
Scheibe aus schwarzem Samt, gesäumt mit Kaninchenschwänzen. Die Kopfbedeckung benachteiligte den
Rest der Kleidung. Man sah nur sie. Der Kaftan aus
Samt war auch nicht schlecht, durchaus nicht! Es war
die Kleidung für den Schabbat.

Sie eilten nun nicht mehr schnellen Schrittes dahin.
Vom ersten Stern am Freitag bis zum ersten Stern am
Samstag macht jede geschäftliche Angelegenheit Platz
für Gott. Israel ist es untersagt zu reisen, in ein Fahr-
zeug zu steigen, Lasten zu tragen, zu rauchen, selbst zu
laufen. Die weißgekleideten ruthenischen Bauern könnten ihre hölzernen Wagen heranfahren, die Männer in
Schwarz würden die Ladung von oben herab aus dem
Schatten ihrer Krone aus dreizehn Kaninchenschwänzen betrachten, mit wahrscheinlich leerem Magen, aber
mit vom Herrn erfüllten Geist.

Woher kommt diese Kleidung? Sicher nicht aus Jerusalem. Das Kaninchen ist in den heißen Ländern nicht

in Mode. Man sagt, diese Ausstaffierung sei bei deutschen Kaufleuten des dreizehnten Jahrhunderts üblich gewesen. Auf jeden Fall ist es ein Bekleidungsstück.

Es ist Nacht. Diese Geister suchen diese ungewöhnlich kleine Stadt auf. Eigentümliche Schatten, die Sackgassen bevorzugen und sich dort hinein begeben wie der Hase in seinen Bau. Ich folge zweien von ihnen. Sie bükken sich unter einem Gewölbebogen und verschwinden in einer Art Bauernhof, der an einen Feldweg grenzt. Ich gehe ihnen nach und blicke durch die Eisblumen an einer Fensterscheibe. Was für ein Schauspiel! Rund um fünf brennende Kerzen in einem Leuchter mit fünf Armen bewegen sich dreißig Schabbathüte, also dreihundertneunzig Kaninchenschwänze frenetisch auf und ab zum Klang eines Rezitativs, das aus dreißig Bärten ertönt. Es ist ein Gebetshaus. Ein Spätkommer überrascht mich beim Hineinspähen. Er macht drei Schritte rückwärts. Er wagt nicht mehr einzutreten. Wer ist dieser Fremde? Ist das Unglück über Mukatschewo hereingebrochen? Mit einem Satz verschwindet er in dem gottesfürchtigen Bauernhof. Sowie er die Tür zugeworfen hat, fuchtelt er erregt mit den Händen. Ich weiche ein paar Schritte zurück. Die Juden treten auf die Schwelle und blicken mich mit angstvollen Augen an. Betet in Frieden, Söhne Abrahams, der Fremde ist nicht bedrohlich!

Wo bin ich? In welchem Land der Träume? Und jene dort, reichen bei ihnen nicht die langen schwarzen Ärmel über die Fingerspitzen hinaus? Was machen diese pelzgefütterten Gespenster, die an den Straßenecken starr wie Vogelscheuchen stehen? Vielleicht sollen sie den Schnee erschrecken?

VIII

Die wilden Juden

Ja, wo bin ich? Auf dem Gebiet der Tschechoslowakei.
Grenzverträge sind dazu da, um das zu bestätigen. Das
Gebiet stößt hier an Ungarn, Rumänien, Polen. Es ist
die Gegend der großen Wälder am Südhang der Karpaten. Die Marmarosch, um es genauer zu sagen.

Von den Sitten her ist dieses Land jedoch sehr viel
weiter entfernt. Es befindet sich nicht im 20. Jahrhundert. Es hat vielmehr gerade das Zeitalter der Genesis
hinter sich gebracht. Wir sind im zweiten Abschnitt der
Weltgeschichte, zur Zeit des Exodus. Präsident Masaryk, der als einer der ersten im Zionismus einen prophe-
tischen Tropfen Öl sah, weiß sehr wohl, wenn er sich
nach Mukatschewo, nach Usgorod, nach Chust begibt,
daß der Gouverneur, der ihn empfängt, nicht allein
am Bahnsteig steht. Der Vertreter des Staates wird von
einer gewaltigen, unvergleichlichen Persönlichkeit begleitet. Sie wirft auf alles ihren großen Schatten. Seine
Statur beherrscht die Karpaten, sein Bart fegt über den
Boden, und seine tiefliegenden Augen tragen die lang
andauernde Qual eines Volkes in sich: es ist Mose!

Ich reise gegenwärtig zusammen mit zwei Juden ohne
Bart und ohne Schläfenlocken. Einer stammt aus
Wilna, der andere aus Transsylvanien. Aber sie sind
tschechoslowakische Staatsbürger. Sie haben es so gewollt. Die Tschechoslowakei ist das einzige Land, das
Juden das Recht zugesteht, Juden zu sein, so wie Slowenen Slowenen sind und Tschechen Tschechen. Sie nehmen teil am nationalen Leben, ohne gezwungen zu sein,
sich zu assimilieren. Falls der tschechoslowakische

Himmel Manna verteilt, dann wäre die Marmarosch das falsche Verheißene Land in Erwartung des richtigen. Aber der Himmel dieses Landes ist weniger großzügig als seine Regierung. Einer meiner beiden Freunde heißt Ben, der andere Salomon. Sie sind keine Orthodoxen. Obwohl sie die frommen Bücher respektieren, wenden sie sie nicht an, und sie haben mehr Vertrauen in die Balfour Deklaration als in die Ankunft des Messias; auch stellt für sie der Rabbi nicht die unumstrittene Verkörperung göttlichen Willens dar. Aus der Sicht Roms sind es Freidenker, aus der Sicht Jerusalems sind es Zionisten. In keinem Fall Israeliten. Im Jüdischen sehen sie nur eine Abstammung und keine Religion.

Ben und Salomon haben sich in Mukatschewo meiner angenommen. Beide sind schrecklich intelligent. Und zudem sprechen sie russisch, tschechisch, polnisch, rumänisch, ungarisch, englisch, italienisch, spanisch, deutsch, jiddisch und hebräisch. In meiner Unterkunft in Mukatschewo habe ich sie kennengelernt. Mit dem Hut auf dem Kopf, hochgestelltem Mantelkragen und drei Paar Wollsocken in den Stiefeln aß ich eines Abends an einer ehemals weißen Tischdecke das bittere Brot der Einsamkeit. In einer Ecke saßen ein paar Russen, aber sie tranken nichts! Sie spielten sehr leise Domino, und dieses klappernde Geräusch erinnerte an einen Skelett-Tanz. Eine Frau mit einem Wollschal über den Schultern saß allein an einem Tisch und starrte hartnäckig die Decke an, als stiege von dort der heilige Geist herab! Zwei weitere Männer schlürften ihren dampfenden Tee. Diese kleine Familie verhielt sich sehr ruhig, bis ein großer Ruthene eintrat, der durch seinen hohen grauen Astrachanhut noch größer wirkte; auf dem Rücken trug er eine Art Kindersarg. Er stellte seine Kiste ab, öffnete sie und holte einen Papagei hervor. Er setzte den Vogel auf seinen Unterarm, nahm eine Holzschale in die eine Hand und drehte mit der anderen die Kurbel seines Musiksargs. Es war einer dieser in den slawischen Ländern so beliebten Troubadoure aus dem Schnee, ein *Scharmantkaspieler!* Als sein Lied zu Ende gedreht war, reichte er mir den Papagei herüber. Das Tier pickte in die Holzschale, schnappte ein Stück Papier und ließ es auf meinen trostlosen Teller fallen. Das war ein wunderschönes Erlebnis in Kleinrußland. Der Zuckerhutmann drehte uns noch ein Lied herunter. Als er fertig war, brachte er mir wieder das Tier. Fünf Minuten später hielt er mir erneut den Vogel unter die Nase. Da sagte ich zu ihm:

– Laß mich endlich in Ruhe mit deinem Papagei!

Und schon bemerkte ich, wie sich die Ohren der Teetrinker in meine Richtung spitzten. Ihre Blicke wirkten erstaunt beim Klang des Französischen. Sie wechselten ein paar Worte. Dann erhob sich der eine, ein rothaariger Mensch, und mit einem zurückhaltenden Lächeln fragte er mich, ob ich aus Paris käme.

– Ich komme von dort, antwortete ich.

Er machte dem anderen, einem Dunkelhaarigen, ein Zeichen. Sie entschuldigten sich für ihre Neugier, die sie an den Tag legten, aber sie hatten bisher nur einen einzigen weiteren Franzosen in Mukatschewo angetroffen, Monsieur André Spire!

– Es gibt hier Papageien, sagte ich, warum sollte man hier nicht auch Franzosen zu Gesicht bekommen?

Sie erwiderten, daß Papageien hier durchaus nicht selten wären. Es gäbe zweifellos muntere Burschen, die einem weismachen wollten, daß in den Karpaten Papageien leben. Ich bat sie, Platz zu nehmen.

– Ich bin hierhergekommen, um die Juden zu sehen, sagte ich zu ihnen.

– Ich heiße Ben, sagte der Rothaarige, und mein Freund heißt Salomon!

– Also, *Schalom!*

– *Schalom*, antworteten sie.

Ich wollte wissen, warum sie keine Schläfenlocken trugen. Sie fragten mich, ob die Juden in Frankreich welche hätten.

Ich erkundigte mich nach ihren Berufen. Ben arbeitete als Sekretär, und Salomon war Versicherungsvertreter. Ob er wohl die Unversehrtheit der Bärte und die Kaninchenschwänze an den Hüten versicherte? Sie setzten sich an meinen Tisch und erklärten mir, daß alles, was ich in Mukatschewo gesehen hätte, nichts wäre. Man müsse in die Berge hinauf, wo versteckt die wilden Juden lebten. Ich würde dort einen Schreck bekommen, es sei das Land des Hungers.

Am nächsten Tag fuhr ein Auto in die Marmarosch hinein, Ben und Salomon waren bei mir. Von Mukatschewo aus hatten wir Batu erreicht, von Batu danach Chust. Jetzt fuhren wir hinauf nach … nach …

– Wohin fahren wir, Ben?

– Zuerst nach Buchtina.

Die Landschaft war erstarrt unter dem Winter. Der Schnee erstickte alles. Die vereiste Straße knackte unter den Eisenketten, die um die Reifen gelegt waren. Als erstes sahen wir eine Gruppe Ruthenier in eng anliegenden Hosen und Bolerojäckchen, beides aus weißer Wolle. Sie sangen beim Gehen. Ihre spitze Kopfbedeckung aus Schaffell verlieh ihnen das Aussehen von Kerzen, die von Schlafmützen gekrönt waren. Ein wenig später ein schwarzer gebeugter Rücken, der sich scharf vor dem Schnee abhebt: ein Jude. Schwarze und weiße wie beim Damespiel, um nicht die Bauern zu verwechseln!

Buchtina, das erste Versteck. Wir waren aus dem Auto ausgestiegen. Wir näherten uns ein paar zusammengewürfelten Hütten. Es war eher ein Lager als ein Dorf. Nicht ein höheres Bauwerk; Hütten mit schrägem tiefen Dach. Die Juden kamen zum Vorschein. Die Hände in den Ärmeln machten sie alle den Eindruck, als preßten sie einen Pfannenstiel gegen ihre Brust. Wir hatten hier halt gemacht? Sie standen um uns herum, als wären wir eine Wärmpfanne, doch plötzlich verschwanden sie wieder, als hätten sie Angst, sich zu verbrennen.

Die verrückteste Ansammlung von Köpfen, die je von Schultern getragen wurden! Neptune, Patriarchen, Rembrandts, Böcke, junge und alte Geier, Pferde mit Bärten, Raffaels! Einige dieser Köpfe schienen aus Wolken hervorgegangen zu sein, andere aus der Kiste eines Springteufels. Vom irdischen Paradies bis zum Tiergarten! ...

– Das Haus des Rabbis? fragte Salomon.

Mit gewissem Abstand gingen sie uns voran, gaben uns zu verstehen, ihnen zu folgen.

Ein Stück Dach des Rabbinerhauses war vom Wind fortgerissen. Wir traten in einen Stall ein: zwei Schafe, zwei kleine Kinder, fünf größere, die schon Schläfenlokken trugen, eine ausgemergelte Frau, ein schwarzer Vogel ohne Käfig, der vor Kälte zitternd auf einer Stuhllehne hockte.

Der Rabbi war nicht zu Hause, war irgendwo in Rumänien, um zu ... betteln! Das Elend in diesen Verstekken ist so groß, daß diese Halbverhungerten hundert Kilometer zurücklegen müssen, um etwas zu erbetteln. Vor Ort bettelt man nicht: alle wären dann Bettler. Irgend jemand hat allenfalls einen Heller mehr als sein Nachbar, denn der hat keinen einzigen. Das ist die

Gleichheit im Elend. Sie leben darin mit sorgloser Seele und ruhigem Gewissen, als sei es ein überliefertes Erbe. Die Rangfolge wird von ihnen nicht angezweifelt. Das Testament Israels ist gültig!

Die Frau hing an Bens Mantel und seufzte etwas auf jiddisch.

– Was sagt sie?

– Sie sagt, daß sie großen Hunger leide.

Sie zeigte uns ein paar kümmerliche Früchte, sie schälte eine davon: Auf ein Viertel Fruchtfleisch kamen dreiviertel Kern. Es gab keinen Mais mehr in der Region. Wenn der Rabbi nicht bis morgen abend zurück sei, gäbe es kein weißes Brot für den Schabbat. Zwanzig Grad Kälte herrschte in dem Stall. Die kleinen Kinder trugen lediglich ein Hemd. Der Vogel hatte zumindest seine Federn! Die beiden größeren saßen nicht um einen Ofen, sondern um ein Buch. Die Klagen der Mutter rissen sie nicht aus ihrer Lektüre. Wenn nicht vor Kälte, dann zitterten sie aus Frömmigkeit im Angesicht des Talmuds. Ein Antippen mit dem Finger ließ einen den Lockenkopf heben. Während seine Augen mich ansahen, kauten seine Lippen noch die heiligen Worte nach. Ohne mich weiter zu beachten, steckte er wieder die Nase in sein Hebräisch. Ein alter Mann stand vor dem Fenster und las in einem anderen Talmud. Die Kälte, der Hunger, das Licht, das erlischt, das Eindringen von drei Fremden, nichts beirrt einen Juden im Gespräch mit Gott. Das menschliche Wehklagen der Frau prallte gegen die überirdischen Stimmen, die die Kinder und der alte Mann vernahmen.

Wir suchten zwanzig dieser Hütten auf. Überall Kinder im Hemd, Talmudleser, tränenerfüllte Frauen, von Gott erleuchtete Bärte und diese wilden Früchte, die nur Schale und Kern waren. Und der Geruch? Ein Geruch nach Verwesung, verdünnt in Zwiebelsaft. Und die Luft? Nicht eine der Hütten hatte einen Kamin. Ganz nach Art der russischen Isbas. Der Rauch der Herdstelle verbreitet sich in der Unterkunft, beißt in den Augen, reizt die Schleimhäute. Was für eine Hungersnot! Und ich habe herausgefunden, warum die Leviten dieser Juden auch so verdünnt aussehen, denn sie müssen sie während der schlimmsten Hungertage auf dem Feuer kochen lassen!

Kein Möbelstück. Drei Holzbretter stellen ein Bett dar, die Wand der Isba ist die vierte Seite. Als Fußboden die bloße Erde.

Einer unserer Besuche verlief sehr viel tragischer als die anderen. Die Frau war bettlägerig, vier Kinder neben ihr. Als wir eintraten, machte der Jude uns gegenüber ein Zeichen des Segens. Er hielt mich für den Arzt, ein Arzt der aus Chust herbeigekommen war oder gar vom Himmel.

– Er möchte, sagte mir Ben, daß Sie seine Frau vor dem Sterben retten.

Sie hatte in der Tat alle Anzeichen des Todes an sich. Als ich mich nicht rührte, zog mich der Jude am Ärmel zu der Bettlägerigen.

– Tun Sie als ob, sagte Ben, das hilft bereits ein wenig.

Ich hätte mir so eine Lagerstatt niemals vorstellen können. Die Kinder und die Kranke verfaulten schier im Schmutz. Voll Bitterkeit fing ich an nachzudenken, mein Blick durchschweifte den engen Raum; zwei Nägel in einem Tisch stellten den Brotverdienst dieser Familie dar. Der Vater war Talmudeinbinder. Das dort war seine Werkstatt. In guten Monaten verdiente er fünfzehn Kronen, zwölf Franc! Zwei weitere Kinder, die sich in einer Ecke zusammendrängten, und deren von Schläfenlocken umrahmten Gesichter wir noch gar

69

nicht wahrgenommen hatten, blickten mit ihren schönen Augen den Herrn an, der zur Rettung ihrer Mutter gekommen war!

*

Wir begaben uns in die Synagoge. Die Thora, die Gekrönte Verlobte, war nicht besser untergebracht als ihre Verehrer. Die Juden, die sich nicht nehmen ließen, uns zu folgen, füllten die ärmliche und heilige Stätte. Sie standen um uns herum. Die beiden Wohlhabenden des Ortes: ein Müller, ein Brettschneider, begrüßten uns im Namen der Gemeinde.

– Sie glauben, sagten sie zu uns, daß Sie ihnen Geld mitgebracht hätten.

– Sie leiden alle unter dem Hunger, meinte ich.

– Sie haben immer unter Hunger gelitten.

– Wieso sterben sie dann nicht?

– Israel ist zäh!

– Dann sollten sie woanders hingehen!

– Da ist es noch schrecklicher!

– Dann sollten sie in die Städte ziehen!

– In dieser Aufmachung, mit diesen Kleidern, ohne einen Pfennig? Das Elend hält sie hier fest.

– Und Palästina?

– Der Messias ist noch nicht gekommen.

– Offen gesagt, warten sie denn auf ihn?

– Aber ja, Monsieur, wir warten auf ihn!

Das Gespräch ging zu Ende. Wir drückten unsere Zigaretten aus. Ein Sänger stimmte einen frommen Vers an. Der verzückte Blick dieser hohlwangigen Juden richtete sich auf den Thoraschrein. Was spielte die Ärmlichkeit der Unterbringung für eine Rolle? Hauptsache, der Schatz war da!

IX

Ich bin dem Ewig Wandernden Juden begegnet

Ich bin dem Ewig Wandernden Juden begegnet. Er ging
zu Fuß durch die Karpaten, kurz hinter dem Dorf Wol-
chowetz. Seine Stiefel waren löchrig, man sah, daß seine
Socken es auch waren. Ein um die Taille zusammenge-
raffter Kaftan kleidete ihn von oben bis unten. Auf seinem schwarzen Haar saß ein breiter flacher Hut, unter
dem zwei gepflegte Schläfenlocken hervorschauten, was
seine legendäre Erscheinung vervollständigte. Ein
Stück karierter Stoff, das einen doppelten Quersack bil-
dete, dessen einer Teil gegen seinen Bauch und dessen
anderer Teil gegen seinen Rücken schlug, hing ihm über
die linke Schulter. Seine großen Schritte hinterließen
eine Spur im Schnee.

Wir hielten das Auto an. Wir gingen auf ihn zu. Als
wir näher kamen, schritt er noch schneller aus. Ben rief
ihm etwas zu. Er wollte es nicht verstehen. Wir holten
ihn ein. Ein scheuer Blick belebte sein Gesicht. Er war
es, Ahasver. Seine Schuhe hatten sich seit neunzehn-
hundert Jahren noch immer nicht abgenutzt! Voller Erregung wandte ich mich an ihn.

– Sag mir, wohin du gehst und woher du kommst.
Bist du erschöpft? Hast du ein bißchen Geld bei dir?

– Er sagt, daß er nach Novo Selitza will, übersetzte
Ben. Und danach? Weiter nach Rumänien. Und danach? Er sagt, daß er jedes Jahr *Jom Kipur*, das Versöh-
nungsfest, beim Zaddik, dem Wunderrabbi in Wischnitz verbringt. Er lebt ganz allein? Nein, er ist verheira-
tet und hat fünf Kinder. Sind seine Kinder kleine ewig
wandernde Juden? Sie leben mit ihrer Mutter in einer

Hütte an der tschechisch-rumänischen Grenze. Sagen Sie ihm, er soll zu uns ins Auto steigen, wir werden ihn nach Novo Selitza bringen. Er will nicht. Warum? Er hat Angst. Er ist noch nie in ein Auto gestiegen? Nein!

– Komm mit uns, wandernder Jude, wir fahren auch nicht schnell. Du erzählst mir unterwegs deine Geschichte. Ich bin so froh, dich getroffen zu haben. Du hast einen schönen Kopf, die Intelligenz spricht dir aus den Augen, du bist es also wirklich. Komm mit, ich gebe dir auch ein Paar Socken.

Wir stiegen wieder ein und fuhren nun zu viert durch die Marmarosch. Wir begutachteten seinen Quersack. Die eine Taschenseite war sein Handelsgeschäft, die andere sein Proviantbehältnis. In der ersten befanden sich etwa zwanzig Stück Kreide, drei Dutzend Kerzen, zwei Scheren, ein Kalender und Tabak von Zigarettenstummeln. In der zweiten zehn Zwiebeln, zwei gefrorene Heringe, ein Stück in Papier eingeschlagenes weißes Brot, das Brot für den Schabbat, eine Handvoll wilder Pflaumen.

Er hatte seine Hütte vor neun Tagen verlassen, zog von einem jüdischen Dorf zum nächsten. Er erzählte, daß er sich aufgrund einer falschen Auskunft auf den Weg gemacht hatte, denn er glaubte, daß in dieser Gegend Spenden aus Amerika angekommen seien. Zunächst bekäme er seinen Anteil, anschließend hätte er seine Handelsware verkauft. Er zog trotzdem weiter. War er nicht ein guter Jude? Welchen Fehler hatte er gegenüber dem Ewigen Gott begangen? Stiegen seine Gebete nicht jeden Tag bis hinauf zu seinem Thron? Konnte der Herr nicht ein Auge auf ihn werfen?

Er war in Cluj, in Transsylvanien, geboren. Die Pogrome von 1927 hatten ihn von dort verjagt. Vor den Schlägen rumänischer Studenten, die sein Haus nieder-

brannten und die Thora auf einem öffentlichen Platz besudelten, war er geflohen. In Cluj war er Markthändler
gewesen. Und jetzt …

Ich muß betonen, wie berührt ich war, den ewigen Juden neben mir im Auto sitzen zu haben. In der Tat, er
war es. Vor der Erfindung der Fotographie hätte ich es
nicht gewagt, darauf so zu bestehen. Man kann mich
weder übertriebener Einbildung noch einer gewissen
Dreistigkeit beschuldigen. Er war dort. Man wird ihn
wie ich sehen können. Ich habe ihn in diesem Winter im
Dörfchen Ganitz in den Bergen der Marmarosch am
Südhang der Karpaten bei großer Kälte und in unmittelbarer Nähe der Wölfe fotografiert.

Er hieß Schwartzbard, wie der Klient von Torrès, wie
jener also, der Pan Petliura in der Rue Racine in Paris
niedergestochen hat, weil Petliura den Massenmord an
hundertfünfzigtausend Juden in den Weiten der Ukraine befehligte.

Als ich den ewigen Juden mitten im Schnee sah,
dachte ich nicht, daß er Kreide und Kerzen verkaufte,
sondern daß er auf dem Weg nach Jerusalem war. Ich
ließ ihm das sagen. Er hielt mich bald für einen *Chalutz,*
einen Pionier, einen Erbauer Palästinas, also für einen
Ungläubigen, einen Verächter der Prophezeiungen. Er
antwortete, daß er Gott liebe und fürchte. Ich kam auf
Jerusalem zu sprechen. Er gab zur Antwort, daß die
Zeit noch nicht gekommen sei. Ich fragte ihn, woher er
seine Gewißheit nähme. Er antwortete, vom Zaddik. –
Und woher nimmt der Zaddik sie? Er antwortete, daß
der Zaddik von Wischnitz sowohl mit Gott als auch mit
dem Propheten Elias spräche, und wenn die Stunde der
Rückkehr geläutet habe, der eine oder der andere es ge-
wiß nicht versäumen würde, den Zaddik darüber in
Kenntnis zu setzen.

Ben und Salomon ereiferten sich gegen diese Wunderrabbis. Sie nahmen mich als Zeugen dafür, daß sie soviel Finsternis zu verantworten hätten. Wissen Sie, daß von der Marmarosch bis nach Galizien, von Transsylvanien bis nach Bessarabien, von der Bukowina bis zur Ukraine, von Warschau bis Wilna sich mehr als sechs Millionen in diesem körperlichen und geistigen Zustand befinden? Warten Sie, das hier ist das wirkliche Dasein der Juden:

Sie leben in entlegenen Dörfern, sie haben nicht einmal mehr einen Kaftan, sie hüllen sich in Decken, die Geschenke aus den Städten sind, oder in abgetragene Schultertücher wie alte Frauen; so steigen Juden steif vor Kälte die Berghänge hinunter, mit einem Päckchen unter dem Arm oder in der Hand. Was machen sie? Wohin gehen sie? Warum sind sie dauernd unterwegs? Die Ruthenen, die man sieht, leben in der Nähe ihrer Häuser. Aber sie tragen kein Bündel und keinen Wanderstab. Entwurzelt, wachsen sie oberhalb ihrer Wurzeln weiter. Die Juden haben ihre Wurzeln im Kopf. Sie sprießen als Haarpracht unter ihren Hüten oder Mützen hervor. Klammern sie sich aus diesem Grund am Himmel und nicht am Erdboden fest?

– Wohin willst du gehen?

Wir hatten den Schaltträger angehalten. Er sprach wie die anderen auch nur jiddisch. Er wollte ins Nachbardorf. »Weswegen? Um dort zu übernachten. Und danach? Er würde nach Chust gehen. Weswegen? Um dort zu übernachten. Danach würde er nach Mukatschewo gehen, um Rabbi Zangwitsch aufzusuchen und ihn zu bitten, für zwei seiner Angelegenheiten zu beten! Und was macht er? Er hat keinen Beruf.«

Ich wollte wissen, ob Zangwitsch ein Wunderrabbi sei.

– Nicht einmal, meinte Ben und klopfte sich gefrorenen Schnee von einer durchnäßten Schuhsohle.

– Halt, schrie Salomon.

Der dort war sehr viel älter. Seine Ärmel dienten ihm als Muff, sein Päckchen hing ihm an einem Handgelenk und schlug ihm gegen den Bauch.

– Wohin gehst du? Ich verlasse das Dorf. Warum? Es gibt nichts mehr zu essen. Was machst du? Ich bin Religionslehrer. Geh in eine Stadt, nach Kosice zum Beispiel, du wirst dort Schüler finden. Meine Kleidung verbietet mir das. Wenn die Polizei uns sieht, dann sagt sie zu uns: »Was macht ihr hier? Geht wieder zu euch zurück.« Also, du weißt nicht, wohin du gehen sollst? Ich werde den Rabbi aus Buchtina für dich um Rat fragen.

Wenn das flache Land von Bauern bewohnt wird, was will man mehr? Aber dieses hier war von eingebungsvollen Gesichtern heimgesucht. Man glaubte – zumindest hätte man es glauben können – es seien echte Studenten, bei denen allein die Armut das Studium unterbrochen hatte. Köpfe bejahrter Philosophen, junger Dichter, übel beleumundeter, aber hellsichtiger Schwarmgeister.

Die große Not drang allein in der Sprache der Frauen nach draußen. In jedem Dorf umringten die Unglücklichen unser Auto. Sie zerrten uns an der Kleidung, und tränenverschmiert trugen sie ganze Litaneien an Unglück vor. Wir mußten jede ihrer *Stuben* besichtigen. Sie zeigten uns die offenen Dächer, die feuchte Erde am Boden, ihre vier, fünf oder sechs Kinder, die vor Kälte zitterten, die getrockneten Pflaumen in einem Gefäß, den in Fetzen gehüllten Großvater, der ununterbrochen am Ofen vor sich hin jammerte, die kleinen Mädchen, die aufgrund von Unterernährung nicht sehr viel größer wurden, die Schwachsinnigen, die auf dem Unrat vor

75

sich hin lachten, die in ein Hemd gekleideten Kleinkinder, die barfuß über den eiskalten Boden liefen.

Die Mütter schlugen ein Stück ihrer Schultertücher zurück, um ihre Brüste ohne Milch und ihre Hüften ohne Fleisch zu zeigen. Der hier lebende Jude hatte zweimal versucht, in die Stadt hinunterzugehen, um sein Brot zu verdienen, zweimal war er vor Erschöpfung unterwegs zusammengebrochen. Er war stumm vor Hoffnungslosigkeit. Der Geruch in diesen Behausungen war entsetzlich. Ich konnte mich nur dort aufhalten, wenn ich auf mein Taschentuch biß. Man kam sich vermögend vor wie ein Rothschild!

In den letzten zehn Jahren hat sich hier die Not verzehnfacht. Vor den letzten Friedensverträgen gingen diese Juden jeden Sommer für drei Monate im berühmten ungarischen Tiefland arbeiten. Die Grenze trennte nun das Tiefland von den Bergen. Die Ungarn verweigerten ihren ehemaligen Staatsangehörigen, die nunmehr Tschechoslowaken waren, den Paß. Drei Monate bezahlte Arbeit hatten diesen Juden genügt, um davon das ganze Jahr über leben zu können. Jetzt hängt das ganze Jahr an den kümmerlichen Früchten der Karpatenbäume!

Der Boden? Der Boden ist schlecht und gehört den Ruthenen. Sie teilen ihn sich zur Hälfte mit dem Schnee (sechs Monate sie, sechs Monate er). Der Jude hat allein seinen Bart, seine Schläfenlocken, ein paar Fuhrwerke, die er begleiten muß, und den Rabbi.

Möchten Sie etwas über die Macht des Rabbis erfahren? Ben brachte mich bis ans Dorfende. Eine im Schnee verlorene Hütte. Wir stoßen die Tür auf. Der Raum ist leer. Ein elende Bettstelle. Der Mann, den wir suchen, muß wie alle anderen auch unterwegs sein. Doch hier seine Geschichte. Er hat seinen Bruder umgebracht. Ein

tschechoslowakisches Gericht hat ihn rechtmäßig verurteilt. Er hat drei Jahre im Gefängnis verbracht. Nachdem er die Strafe verbüßt hat, kehrt er ins Dorf zurück.
Jetzt setzte die Gerichtsbarkeit des Rabbis ein. Vor der
in der Synagoge versammelten Gemeinde fiel der Bannfluch auf den Schuldigen nieder. Der Rabbi verurteilte
ihn zu fünfzehn Jahren Alleinsein. Seitdem wohnt er
hier, weit weg vom letzten Haus. Er hat noch fünf Jahre
vor sich. Niemand spricht mit ihm ein einziges Wort.
Wenn man ihm begegnet, dreht sich jeder Jude um. Ben
meint, er mache den Eindruck eines Hundes, der jedem
die Schnauze entgegenstreckt, um sich von seinem
Maulkorb erlösen zu lassen.

*

Der ewige Jude war kein Gegner der benzinbetriebenen
Fortbewegung. Er stieg nicht einmal aus dem Auto aus.
In Ternovo, wo wir für vier Stunden haltmachten, blieb
er vier Stunden lang auf den Polstern sitzen.

– Ben, fragen Sie ihn, was er in dieser Gegend verkaufen will? Niemand hat einen Heller.

– Er sagt, ein guter Jude ist nicht gezwungen, etwas
verkaufen zu müssen, aber daß er beim ersten Stern am
Freitagabend innehalten muß und niemals Gott beleidi-
gen darf.

Ach, fromme Marmarosch!

Wir gelangten nach Ganitsch. Salomon und Ben versicherten mir, daß wir den Notar aufsuchen sollten. Den
Notar? Es fehlte die Stimmung, um den Humor zu genießen. Sie zeigten mir eine Tafel an einem Haus, das
als einziges einem Haus ähnelte. Ein Notar in der Marmarosch? Der Anblick eines Fischers, der das Vibrieren
seines Deckels in einem Faß eingelegter Heringe belauert, hätte mich nicht minder in Erstaunen versetzt.

Der Mann, der uns empfing, war eine imposante Erscheinung. Er trug Bart und Schläfenlocken, aber beides sehr dezent und gepflegt. Er war schwarz gekleidet, aber wie ein Mann von Welt und nicht wie ein Bettler. Sein Antlitz war blaß, aber er war von gesunder Statur. Er war wohl der einzige Mensch in diesen Bergen, dessen Brust nicht hohl klang. Notar? Ja und nein. Er war es in Bratislava gewesen. Dann war er eines Tages durch die Marmarosch gefahren. Sein jüdisches Herz war dahingeschmolzen. Er war sicher nicht vermögend genug, um dieses Land aus seinem tiefen Elend zu befreien, doch er würde darum bemüht sein, es weniger unwirtlich zu machen. Seither wohnte er dort. Er nahm die Spenden amerikanischer Komitees in Empfang und verteilte sie. Ich saß dem heiligen Vinzenz von Paul der Karpaten gegenüber: Herr Rosenfeld.

– Kommen Sie mit, sagte er zu mir und warf sich ein Tierfell über die Schultern. Es ist das unvorstellbarste Elend!

– Ich habe es schon gesehen, gab ich zurück.

Er versicherte mir, daß ich noch nicht alles gesehen hätte. Wir gingen hinaus. Er zeigte mir eine Hütte wie jede andere auch.

– Was meinen Sie, wieviel Personen darin leben?

– Drei.

– Siebzehn, aus drei Familien. Gehen wir hinein!

Dreizehn waren anwesend. Drei Betten! Man bemerkt rasch, daß diese Betten abstoßende Nischen sind. Kein Hund aus dem westlichen Europa würde dort eine Stunde liegen bleiben. Die Kinder krabbeln dort herum wie ein Wurf junger Welpen. Die Frauen klammerten sich an Rosenfelds Rücken und stießen herzzerreißende Klagerufe aus. Sie sagten, daß die Kälte und der Hunger sie umbringen würden.

– Diese unglücklichen Menschen lieben mich sehr, meinte der Notar. Nun gut, wenn ich ihnen einen meiner Arme gäbe, sie würden ihn in einem Topf kochen, so groß ist ihr Hunger!

Wir hatten diese menschliche Behausung wieder verlassen. Mit einer Handbewegung deutete Rosenfeld auf die Berge:

– Es ist überall dasselbe oder noch schlimmer! Es leben mehr als hundertzwanzigtausend in diesem Zustand. Nichts zu machen, nichts. Sie können nicht woanders hingehen, sie sprechen nur jiddisch, und Sie verstehen wohl jetzt, daß die Sprache die eigentliche Grenze ist!

*

Wir haben den ewigen Juden in Novo Selitza abgesetzt. Vorher hatte er noch auf unsere Bitte hin seine Barschaft aus der Tasche seines Kaftans hervorgeholt: eine Krone vierzig genau! Ich blickte ihm lange nach. Gebeugt, den doppelten Quersack über der mageren Schulter, nahm er wieder ganz allein seinen Weg auf; in Liebe und Furcht vor Gott.

X

Das Gespenst

Jetzt versperrt uns ein Gespenst den Weg. Es ist nicht weiß, es ist rot. Es streift durch Transsylvanien, durch Bessarabien, durch die Ukraine. Ohne dieses Gespenst würde man nicht den beunruhigten Blick der Juden in diesem Teil Europas verstehen, ihre furchtsame Haltung, ihren gebeugten Rücken, ihre Vorliebe für Sackgassen; noch warum sie auf der Straße immer dicht an den Häuserwänden entlang gehen und mit leiser Stimme sich unterhalten, noch ihre ängstliche und wachsame Neugier. Beim geringsten Anlaß zeigen sie das Verhalten eines Tatverdächtigen, der ein Klopfen an seiner Tür hört. Denn in der Tat zeigen sich alle in diesem Land mit einem Verbrechen schwer belastet: und zwar dem, Jude zu sein.

Das Gespenst heißt Pogrom.

Es ist nicht so schrecklich alt. Seit dem Gemetzel durch Chmelnizkij wurden die Juden eher geprügelt als umgebracht. Der moderne Pogrom wurde in Rußland geboren, auf dem Thron Alexanders III. im Jahr 1881.

Man wußte zunächst nicht, wie er zustande kam. Der Name selbst war gemeinhin unbekannt. Anfänglich trat er mit der Sorglosigkeit eines Unbekannten in Erscheinung. Die Erde war noch nicht so klein wie heute. Man hörte noch nicht am häuslichen Herd die Stimme der Welt aus einem dunkelfarbigen Holzkasten. Die Toten waren schon seit längerem begraben, dann erst gelangte der Geruch des Pogroms an die Grenzen.

Ein Pogrom ist eine Art Wutausbruch, der nicht Tiere, sondern allein Menschen befällt, und ganz besonders das Militär und Studenten. Wer löst ihn aus? Bis heute glaubt man, es seien die Regierungen. Die Regierungen, die nach Westen blicken, werden nicht von diesem Virus befallen. Doch jene, die nach Osten blicken, haben ihn im Blut.

Die Tollwütigen beißen nicht jeden. Allein die Juden werden von ihren Zähnen erreicht. Der Anblick eines Kaftans, eines Bartes und von Schläfenlocken setzt sie unter Hochspannung.

Pogrome haben genau wie Kriege ihre festen Daten. Die ersten waren 1881–1882. Sie begannen mit der Zahl siebenhundert. Ein Pogrom ist wie ein Waldbrand: der erste Baum, der in Flammen steht, entzündet weitere. Er breitete sich mit einem Schlag über achtundzwanzig Provinzen des ehemaligen Russischen Reiches aus. Dann kam das Jahr 1903, als der erste Pogrom einen Namen erhielt: der Pogrom von Kischinjow, Bessarabien. Dann kam der von 1905. Und dann der große Pogrom: 1918–1920, in der Ukraine und Ostgalizien. Dann der vom Dezember 1927 in Rumänien.

Zunächst drei Ziffern, die dies erhellen mögen:

Mehr als 150 000 Tote.

Mehr als 300 000 Verletzte.

Mehr als eine Million Erschlagene und Geplünderte allein in der Ukraine und Galizien während der Jahre 1918 und 1919.

Wenn man sich die Pogrome näher ansieht, stellt man fest, daß sie in drei Abstufungen auftreten: die unblutige, die blutige, die grausame und sadistische Form.

*

Der vom 4. Dezember 1927 in Rumänien ist der Typus des unblutigen Pogroms.

Seit die letzten Friedensverträge Rumänien Gebiete einverleibt haben, die von Juden bewohnt waren, ist die rumänische intellektuelle Jugend vom Antisemitismus aufgewühlt. Von 1922 bis 1927 haben die Studenten nicht ein Jahr vergehen lassen, ohne daß sie ihre Auffassung nicht kundgetan hätten: Angriff auf das jüdische Studentenhaus in Transsylvanien, Plünderung der Synagogen, Tageszeitungen und jüdischen Friedhöfe, Rauswerfen von Juden aus Zugabteilen, Zerschlagen von Tafeln und Fensterscheiben jüdischer Häuser.

Schließlich die Ermordung des jüdischen Studenten Falik Ende 1926 in Cernauti durch den rumänischen Studenten Totu. Das Motiv: Der eine war Rumäne, der andere Jude!

Im Dezember 1927 beschlossen die Studenten aller rumänischen Universitäten ihren Jahreskongreß in Oradea in Transsylvanien abzuhalten. Oradea ist von Juden bewohnt. Die Tagesordnung des Kongresses lautet: Krieg den Juden.

Ein General, ein ehemaliger Minister, ein anerkannter Arzt eröffnen die Diskussion und stacheln die Studenten auf.

Das Blut der Jugend reagiert sofort. Die Studenten warten nicht, bis sie auf der Straße sind. Sie haben unter sich im Saal einen Juden, Alexander Flescher, ein Journalist, der am Pressetisch seine Arbeit macht. Das ist ein Glücksumstand. Sie schlagen ihn nieder.

Dann strömen sie auf die Straße. Es sind etwa fünftausend. In Gruppen von fünfundzwanzig bis dreißig fallen sie in die Stadt ein. Juden, die sie in der Straßenbahn entdecken, werden während der Fahrt rausgeworfen. Jeder Fußgänger, auch der, der weder die Kleidung noch den Bart, aber ein klein wenig von Israel im Antlitz hat, wird verprügelt. Sie suchen die Cafés, die Restaurants auf und werfen die nichtchristlichen Gäste hinaus. Mit Hämmern und Knüppeln bewaffnete Trupps schlagen die Schaufenster jüdischer Geschäfte ein. Die bei Einwohnern, sprich bei Juden Unterkunft gefunden haben, werfen ihre Gastgeber bei sich selbst hinaus. Dann schließlich der Ansturm auf die Synagogen. Alles und jedes wird mit Äxten zertrümmert. Sie bemächtigen sich der heiligen Bücher und der »Gekrönten Verlobten«. Sie zerreißen sie, besudeln sie, schleppen sie triumphierend auf öffentliche Plätze, legen Feuer, tanzen um die brennenden Bücher, lobpreisen die Flammen. Die hinzugekommene Polizei überwacht die trunkenen Ausschweifungen.

Nach Ende des Kongresses machen die Studenten halt in Cluj, in Ciucca, in Hucdin, in Tirgu Mures. Überall das gleiche Fest. So etwas nennt man einen gemäßigten Pogrom. Hoch lebe Rumänien!

*

In der zweiten Erscheinungsform der Pogrome wird getötet, wird gelyncht. Nehmen wir die Jahre 1918–1919. In Kiew halten Banden ukrainischer Soldaten Juden in den Straßen fest, rauben sie aus und töten sie. Zehn Tage lang kampieren Soldaten aus dem Schwarzmeergebiet am Bahnhof von Bobruisk, die vom Regiment Petliura am Bahnhof von Sorny, die ukrainischen Kosaken an den Bahnhöfen von Fastow, Poste Volinskij, Romodai, Kazatine, Datschnai, Bachmatsch … Die Juden, die man in den Zügen antrifft, werden entkleidet, geschlagen und getötet. In Bakhmatsch sind die Bahnsteige von Blut überschwemmt.

In Berditschew landet am 9. Januar 1919 die Kompanie des Todes. Die am Bahnhof angetroffenen Juden werden getötet. Die Kompanie erobert die Stadt. Alte Menschen werden mit einem Peitschenschlag erdrosselt. Bei Kindern ist man unsicher: in dem Alter ist es oft noch nicht zu erkennen; die Soldaten des Todes fragen: »Jude oder kein Jude?« Der Jude wird niedergemacht. Man fällt in alle Häuser ein. Juden werden auf die Straße geführt und gezwungen zu rufen: »Tod den Juden!« Dann werden sie erschossen.

Von Berditschew aus erobern die Soldaten Shitomir. Dieselbe Hochzeit mit dem Tod. Von Shitomir der Überfall auf Owrutsch. Der Ataman Kosyr Zyrko befiehlt alle Juden zum Bahnhof. Die Kosaken begleiten sie mit der Reitpeitsche und lassen sie den *Majafes* singen, das heilige und althergebrachte Schabbatlied. Der Zug gelangt in Sichtweite des Bahnhofs; Kosyr Zyrko läßt schießen, in den Gesang und in die Körper, mit Granatfeuer. Es lebe Kosyr Zyrko!

*

Blut ist ein schlechter Alkohol für die Wilden. Die Wilden leben nicht nur in Afrika oder im Pazifik. Um ein Wilder zu sein, muß man nicht unbedingt nackt leben. Unsere Wilden, die europäischen Wilden, die Soldaten ukrainischer Banden, sind gestiefelt, in Uniformen gekleidet und mit Orden geschmückt.

Wir kommen nun zur grausamen und sadistischen Erscheinungsform.

Dort in Owrutsch, ein wenig davon. Man zwingt die Juden, sich gegenseitig auszupeitschen, zwingt dann den Auspeitscher, die mißhandelte Stelle zu küssen. Doch kommen wir zu Proskurow: Das Töten war bislang von Plünderungen begleitet. Oft sah man Bauern, die zwar nicht an den Blutorgien teilgenommen hatten, beim Fanal des Massakers mit Körben und Behältnissen herbeilaufen, um das aufzusammeln, was die Kosaken übriggelassen hatten. Der Vorgang in Proskurow hat einen einmaligen Charakter. Das Töten sollte nicht das Plündern vorbereiten. Man würde nicht aus Habgier, sondern aus Pflichterfüllung töten. Der Ataman Semosenko ließ seine Untergebenen bei der Fahne schwören: die Hände im Blut, aber rein!

Und die Kompanie mit Musik an der Spitze und Feldlazarett am Ende setzt sich in Marsch. Sie zieht quer durch Proskurow, kommt zum Ghetto und beginnt mit ihrem Werk. Die Klarheit der Absichten erfordert, daß sie mit gezogener Waffe vorgeht. In Gruppen zu fünfzehn Mann dringen sie in die Häuser ein, und von den Geschäften unten bis hinauf in die anderen Stockwerke, ohne viel Zeit im Treppenhaus zu vergeuden, spießen sie mit dem Bajonett jeden Juden auf, der ihnen begegnet. Die Kosaken schießen erst, wenn ein unfachmännisch niedergestochener Jude zu fliehen versucht. Alles wird durchgekämmt, einschließlich der Wiegen! Denen, die dem Tode zu entkommen hoffen, indem sie ihnen Geld anbieten, geben sie zur Antwort: »Wir wollen nur euer Leben.« Ein Priester, das Kruzifix in den Händen, tritt aus einer Kirche heraus und fleht sie in Christus Namen an, das Massaker zu beenden. Sie töten den Priester. Man bindet die Kinder auf dem noch warmen Leichnam ihres Vaters fest. Man vergewaltigt in derselben Raserei die Mütter und die kleinen Töchter. Fünfzehnhundert Ermordete an einem Nachmittag zwischen drei und sechs Uhr.

In Felschtin, Chargorod, in Pestschanka sind die Kosaken noch kosakischer. Sie schneiden Zungen ab, reißen Augen heraus. Sie zwingen die Mütter, ihre Kinder an den Armen hochzuhalten, und schlagen den kleinen Opfern die Köpfe ab. Man reißt den Männern die Kleidung herunter, läßt sie sich an den Händen anfassen, befiehlt ihnen zu singen, zu tanzen, dann: »Feuer!«

In Bratslaw hängt man Juden an den Händen auf und zerteilt ihre Körper mit dem Säbel. Was herabfällt, das wird gekocht. Mit den Köpfen spielt man Boule.

Mütter boten sich dar, um das Leben ihrer Kinder zu retten. Die Kosaken antworteten: »Man muß die Juden schon als Ei töten.« Und sie schlitzten die kleinen Kinder auf. Man band Männer, Frauen und Kinder mit den Haaren zusammen. Man rasierte die männlichen Juden, und bevor man sie dem Tode übergab, brachte man sie dazu, ihre Bärte aufzuessen. Der Vater wurde gezwungen, auf allen vieren das Blut seines Sohnes aufzulecken. Ein Rabbi, der auf siebzig Kinder zeigte, schrie den Kosaken zu: »Ihr habt ihre Väter und Mütter getötet, was soll ich nun mit ihnen machen?« – »Feuert auf alle!« war die Antwort. Es lebe der Ataman!

Weshalb diese Pogrome? Warum brachten die Türken die Armenier um? Warum kratzt eine Katze dem Hund die Augen aus? Weil das Blut lauter spricht als die Menschlichkeit. Einem Slawen schlägt stets ein Hebräer auf den Magen. Ein langes Leben in unmittelbarer Nachbarschaft hat sie sich nicht näherkommen lassen. Ein Pole, ein Russe jagt einen Juden vom Gehsteig, als nähme der Jude ihm ein Stück Atemluft weg. Ein Jude ist für einen Osteuropäer die Verkörperung des Parasiten.

Unglück hat einen Grund. Anderswo sucht man nach diesem Grund in jeder Richtung. Hier, was immer auch das Unglück sei, ist der allererste Grund, der einem in den Sinn kommt, der Jude. Man denkt nicht ohne Schrecken daran, daß die Juden Erfinder des Sündenbocks sind. Ihre Priester beluden das Tier mit allen Sünden und jagten es vor sich her. Die Völker des Ostens haben diese Idee bewahrt. Sie haben den Ziegenbock durch den Juden ersetzt!

Der Hauptgrund für die Pogrome ist der Abscheu vor Juden.

Dann kommen die Vorwände. Sie sind vielfältig. Im Fall der Pogrome in der Ukraine war es der Bolschewismus. Petliuras Kosaken waren Antibolschewiken, die Juden mußten wegen des für alle Zeiten immer gleichen Spiels Bolschewiken sein.

Man beachte den unterschiedlichen Ton. Nehmen wir zum Beispiel den von Semossenko unterzeichneten

Tagesbefehl, der am Vorabend des Massakers in Pro-
kurow ausgehängt wurde:

»Ich fordere hiermit die Einwohner auf, die gesetzlo-
sen Übergriffe einzustellen. Ich erbitte darüber hinaus
die Aufmerksamkeit der Juden. Ihr wißt, daß ihr ein
Volk seid, das alle anderen Nationen verachtet. Ihr sät
Zwietracht in die christliche Bevölkerung. Wollt ihr
nicht leben? Und habt ihr kein Mitleid mit eurer Nation? Wenn man euch in Ruhe läßt, dann bleibt selber
ruhig! Unseliges Volk, ihr laßt nicht nach, daß Unruhe
in den Köpfen des armen ukrainischen Volkes
herrscht.«

Und wenn der Hagel die Ernte vernichtet, so liegt die
Schuld, versteht sich, bei Israel!

So steht es um einen, wenn man Jude ist in den Ländern, die wir aufsuchen!

XI

Die Familie Meiselmann

Salomon ist wieder in die Marmarosch zurückgekehrt.

Der rothaarige Ben möchte mich gern weiterhin begleiten. Er hat überall ein paar Verwandte: in Transsylvanien, in der Bukowina, in Bessarabien, in Warschau.
Ich habe ihm gegenüber von der Verpflichtung eines
Mannes gesprochen, hin und wieder seiner Familie einen Besuch abzustatten. Ben hat verstanden.

Es war nicht das erste Mal, daß ich die Frage der jüdischen Verwandtschaft jenseits der Grenzen berührt
habe. Ich hatte Briefe englischer Juden in der Tasche

für irgendwelche Kusinen in Berlin, Warschau oder sogar in Konstantinopel. Wenn sie den europäischen Anzug erwählten, erwählten die Juden des Ostens Europa oder Amerika!

Wir sind in Oradea angekommen. Wenn die Züge, statt dem Fahrplan zu folgen, lieber dem Schnee hinterherjagen, kümmern sie sich auch nicht um Zeiten. Der hier hatte zwanzig Stunden Verspätung, weil er sich seinem Wintersport hingegeben hatte. Ohne groß nachzudenken, setzte er uns um fünf Uhr morgens mitten in Transsylvanien ab.

Sonst setzte er niemanden ab, denn es gab nur uns beide. Die Züge finden nicht immer Verrückte, die in ihren Abteilen Platz nehmen! Wenn man bedenkt, daß die Menschen, die wir besuchen wollen, eigentlich aus einer klimatisch heißen Gegend stammen!

Nirgendwo ein Jude oder Rumäne, weder ein Pferd noch ein Schlitten, lediglich eine Glühlampe über dem Ausgangstor und, um uns zu begrüßen, ein Thermometer, das 29 Grad minus anzeigt. Wir saßen in der Patsche!

Ben kannte Oradea genausowenig wie ich. Wir wußten nicht einmal, zu welcher Seite hin die Stadt lag. »Falls Ihre Verwandten gestorben sind«, sagte ich zu Ben, »was nach allem durchaus möglich sein kann, was haben wir dann auf diesem Gletscher zu suchen?« – »Heutzutage«, erwiderte Ben, »leben Juden, wenn sie überhaupt irgendwo leben, auf einem Gletscher.« Ich verstand gleich sehr viel besser, warum Theodor Herzl sie nach Palästina bringen wollte.

»Halten Sie sich gerade«, sagte ich zu Ben, »die Kälte macht Sie ganz bucklig, und Ihr Umriß erschreckt mich in dieser Nacht und in diesem Schnee!« Die Kälte hatte nichts mit dem Buckel zu tun; aber Ben hatte wie jeder anständige Jude ein mysteriöses Päckchen bei sich. Da er es nicht mehr in der Hand halten konnte, trug er es auf dem Rücken unter seinem fest zugeknöpften Mantel, von dem es auf diese Weise festgehalten wurde.

Dennoch gingen wir geradeaus weiter. Die Bewegung machte einem bewußt, daß man sich noch nicht in einen Stalaktiten verwandelt hatte. »Finden Sie für mich einen Platz in Frankreich«, sagte Ben zu mir und unterbrach damit die weiße Stille, »ich spreche dreizehn Sprachen, und hier ist es so kalt, daß ich nicht einmal mehr die Lippen öffnen kann!« – »Was möchten Sie machen?« – »Mich in der Sonne von Paris wärmen.« – »Ich werde Sie einem Reisebüro als Führer auf den Mont Blanc empfehlen! Haben Sie Brüder, Ben?« – »Ich habe einen, der jetzt Pole ist und noch einen, der sich in New York niedergelassen hat. Ich weiß nicht, ob er Amerikaner wird.« – »Und warum sind Sie in den Karpaten?« – »Wegen Präsident Masaryk, der uns die Freiheit gegeben hat.« – »Wissen Sie, wohin wir gehen?« – »Ja, ich erkenne Schlittenspuren auf dem Eis.«

Wir sahen hervorragend aus, wir zwei! Vor allem mein Kompagnon mit seinem Buckel auf dem Rücken. Zwei bleiche Saufbrüder, die auf den erstbesten Wagen warteten! Ach, nicht alle Juden wohnen an der Place de la Bourse!

*

Ein Tag, der so gut begonnen hat, kann nur schlecht enden. In der Tat, kaum breitete sich das Tageslicht aus, da hatten wir schon einen Diebstahl begangen. Oradea schlief noch. An der Tür eines jeden jüdischen Hauses, an der Straßen- wie an der Wohnungstür, muß ein fingerlanger Zylinder aus Zink oder Kupfer in das Holz geschraubt sein. Dieser Zylinder heißt *Mesusa*. Ich hatte so etwas in London, in Prag, in der Marmarosch gesehen; hin und wieder hatte ich nach seinem Inhalt gefragt, und man hatte mir vage geantwortet: »Ein Gebet!« Ben gab mir dieselbe Antwort. »Wir schrauben einen ab, und Sie lesen mir dann vor, was er in seinem Inneren enthält.« Ben protestierte. Ich gab ihm zu verstehen, daß wir nur einen kleinen Gesetzesverstoß begehen würden und keinen Frevel. Zu diesem Preis erhielt ich die Erlaubnis zu dieser Missetat. Außerdem machten wir miteinander ab, den Zylinder am späten Abend wieder anzubringen. Und ich nahm den Zinkfinger mit.

Was gibt es Sinnvolleres für Reisende als Hotelbesitzer? Ich habe für sie eine endlose Ehrerbietung. Wenn man sie auf der Straße erkennen könnte, ich zöge vor jedem den Hut. Klingeln sie irgendwo morgens um sechs Uhr, und Ihnen schallen nur Flüche aus dem Fenster entgegen. Uns Männern aus dem Eis hätten sie sicher irgend etwas abgebrochen.

Der Hotelbesitzer in Transsylvanien öffnete uns freundlicherweise sein Haus. Gleichwohl mußte er Alkoholiker sein; als Morgenkaffee präsentierte er uns einen Becher in Schnaps eingelegter Pfirsiche! Wir nahmen an einem Tisch Platz.

Der Zylinder enthielt ein zwanzigfach gefaltetes Stück Papier. Ich faltete den Zettel auseinander und sah die Schrift: es war hebräisch. Es war das erste Frühstück in meinem Leben mit einem Text auf Hebräisch und in Schnaps eingelegten Pfirsichen! Ben übersetzte das folgende:

»Fürchte Israel, den Ewigen, unseren Gott. Gelobt sei sein Name, die Macht seines Königreiches für immer und ewig.

Und du sollst den Ewigen, deinen Gott, lieben, mit ganzem Herzen, ganzer Seele und all deinen Kräften.

Und diese Worte, die ich dich heute lehre, sollen dein Herz prägen.

Und du sollst deinen Kindern diese Gedanken beibringen und mit ihnen darüber sprechen, daß du in deinem Hause wohnst, daß du den Weg beschreitest, daß du dich zur Ruhe legst und daß du dich wieder erhebst.

Und du sollst diese Worte um dein Handgelenk binden als Zeichen dessen, was wahr ist.

Und sie sollen vor deinen Augen befestigt sein wie auf dem Band deiner Gedanken.

Und du sollst sie an die Wände deines Hauses und deiner Türen schreiben.

Und deine Kinder, die auf dem Boden deines Zimmers spielen, werden davon geprägt sein, denn der Ewige hat ihrem Vater geschworen, ihnen diese Worte zu geben, daß sie auf der Erde andauern in Erwartung des Himmelreiches.«

»Sagen alle *Mesusa* dasselbe?«

»Alle«, antwortete Ben, ohne Zweifel aus Angst, ich könnte noch eine zweite abschrauben!

Gegen Mittag riefen wir nach einem Kutscher. Es kamen zwei. Wir nahmen den einen, weil er sich besser zu verkaufen wußte. Der andere erteilte ihm einen Verweis, aber nicht ärgerlich, sondern ironisch. Beide waren Juden und sprachen jiddisch, und der Pechvogel rief dem anderen zu: »Du Strolch, du bist Rumäne und vergißt, rumänisch zu sprechen!«

Wir machten uns auf die Suche nach der Familie Meiselmann. Auf den Ladenschildern der Straßen dieselben Namen wie in Whitechapel. Diese Geschäfte schienen interessant wie die aus der Marmarosch. Die Schläfenlocken sind seltener, der Kaftan nicht von dieser Einfachheit, der Bart ist ein wenig zivilisierter. Dennoch verwechselt man sie nicht mit Rumänen, das Haar, die

Augen, die Gesichtsfarbe, die ganze Art zeugen von anderer Herkunft. Das Elend ist nicht mehr so vorherrschend, die kleinen Ladenbesitzer lebten in Zeiten hart klingender Münze allerdings eher von denen aus Bronze als von denen aus Silber.

Ben klopfte dem Kutscher auf den Rücken. Wir stiegen vom Schlitten herunter. Er hatte die Seinen gefunden. »Lassen Sie uns eintreten!« sagte er zu mir. Das Ladenschild trug die Aufschrift: *Galanterie*. Was für ein Geschäft! Ben erklärte mir, daß seine Verwandten, die aus Kleinpolen stammten, sich nur schlecht an das richtige Wort erinnern konnten. Sie hatten eigentlich *Galanteria* schreiben wollen, was soviel heißt wie Kurzwarenhandel. Was soll's!

Treten wir also trotzdem in die Galanterie ein!

Die jüdischen Läden, kaum größer als ein Fuhrwerk, haben gleichwohl das Prinzip großer Geschäfte. Man verkauft alles und mehr altes als neues. Mir schien, daß die Familie Meiselmann vollständig anwesend war, denn ich zählte sieben Köpfe, mehr als Kunden den ganzen Tag über kamen! Durchaus entzückt, schienen die Meiselmanns gleichwohl tief erschreckt zu sein. Ben sagte mir: »Sehen Sie nur ihren Geisteszustand: sie fragten mich, ob ein Unglück geschehen sei!«

Der Pogrom hatte hier vor vierzehn Monaten geherrscht. Sie lebten noch ganz in seiner Erinnerung. Vater Meiselmann, Mutter Meiselmann, die Nachkommenschaft Meiselmann unterhielten sich mit Ben nur über dieses Geschehen. An ihren Fingern und ihrem Gesichtsausdruck konnte ich das Gespräch verfolgen. Die Meiselmanns verliehen durch Mimik alldem sehr deutlich Ausdruck, was ihrer Seele widerfahren war: zunächst die Angst: sie zogen die Brust ein; dann der Schrecken: die Augen vergrößerten sich; dann das Entsetzen: ihre gestikulierenden Hände verharrten jäh wie versteinert. Schließlich die Panik: der Vater war aufgestanden und rannte außer sich durch das Hinterzimmer. Danach ein Augenblick der Entspannung, der Pogrom schien abzuebben. Regungslos lauschten die Meiselmanns. Plötzlich zerbrechen die Fensterscheiben: die Faust der Mutter hämmerte auf ein Blechschild an der Wand und erweckte die Hammerschläge gegen die Ladenscheibe zu neuem Leben. Und dann das Eindringen der Studenten. Der älteste Sohn öffnet die Hintertür und macht die Flucht seiner beiden Schwestern nach. Die Mutter versperrt mit ihrem Körper diesen Fluchtweg, zwei Söhne stellen sich vor die Mutter. Jetzt zählen die Finger der Mutter die Eindringlinge: zweimal zehn! Aber die Furcht hat große Augen, nie hätten zwanzig Studenten in diesen Laden gepaßt! Der Vater bekommt Schläge mit der Riemenpeitsche! Au! Dort in den Nakken, hier auf die linke Schulter! Das ganze Geschäft wird auf den Kopf gestellt, Stiefel treten auf den Schirmmützen herum, die Pendeluhren werden zerbrochen. Nicht eine Schublade ist mehr an ihrem Platz, ein wahres Erdbeben!

Am Nachmittag fängt der Bericht in mehr als zwanzig Läden immer wieder von vorne an, wenn die Meiselmanns ihren Vetter Ben vorstellen. Man könnte meinen, die Springflut habe erst gestern stattgefunden. Vielleicht, weil sie befürchten, es gehe morgen wieder los. Die Regierung in Bukarest versteht nicht, daß die Juden, die nicht rumänisch waren, nicht leben, handeln, denken können wie Rumänen. Ein Staat und eine Nation sind zwei sehr verschiedene Dinge. Die Juden möchten sehr gerne Teil des rumänischen Staates sein, aber können sie Teil der rumänischen Nation sein? Das, so sagen sie, läge nicht in ihrer Macht. Was für ein Problem! Auch nach den Stockschlägen fühlen sie sich nach wie vor als Juden!

Es war Freitag. Der Schabbat würde bald beginnen. In allen Straßen gingen bei Tagesende die Rolläden herunter. Die Juden begaben sich nach Hause, um die Festtagskleidung anzulegen. Ohne Scham ging ich mit Ben zu den Meiselmanns. Man wartete in dem verschlossenen Laden. Der Vater und die Söhne kamen in ihrer schönen Aufmachung herunter. Siehe da, sie trugen keine Schabbathüte mit Kaninchenschwänzen! Ein Gebetbuch steckte unter ihrem Arm. Wir verließen das Haus. Die Straßen waren voll von Juden, die auf dem Weg zur Synagoge waren. Neue heilige Thorarollen hatten die besudelten und verbrannten von 1927 ersetzt. Wir betraten einen Tempel. Der Rabbi auf dem Almemor verlas schon die Gesetzesverse. Vier weitere Juden, die um den Rabbi standen, folgten mit tiefer religiöser Aufmerksamkeit dem heutigen Text aus dem Heiligen Buch. Der Glaube verzückte die Anwesenden. Wie weit entfernt war man in diesem Augenblick von den Studenten, den Pogromen, von Rumänien!

Dann ging ein jeder wieder nach Hause und Ben zu den Meiselmanns. Konnte ich Ben allein lassen?

Man lud mich zum Essen am Abend des Schabbats ein.

Die *Galanterie* war von innen nicht wiederzuerkennen. Besen und Staubwedel hatten gute Arbeit geleistet. Ordnung ersetzte das Durcheinander. Eine weiße Decke lag auf dem Tisch. Zwei Tücher verbargen etwas. Ein Leuchter trug fünf Kerzen. Die Mutter segnete die Kerzen und zündete sie an. Stehend wartete die Familie auf den Vater. Meiselmann trat ein. Er hob die beiden

Tücher an, unter denen zwei Weißbrote verborgen lagen. Mit der Handbewegung eines Priesters segnete er die Brote und schnitt sie in Scheiben. Dann verteilte er die Stücke, und jeder tauchte seines in eine Schale mit Salz. Der Vater sprach erneut auf hebräisch ein Gebet. Danach setzte man sich.

Jüdische Familien sparen nicht am Freitagabend oder am Samstag. In der Regel wird viel gegessen und Wein getrunken zu Ehren des Herrn. Man trägt gefüllten Karpfen auf, sowie blutleeres Fleisch und bergeweise kleine Kuchen in den phantasievollsten Formen. Der Vater entschuldigte sich dafür, daß es keinen Wein mehr aus Palästina gab. In Oradea gab es keinen. Alle wirkten sehr glücklich. Die Sorge um ihre Sicherheit ruhte vorübergehend tief in ihren Herzen, die sich an diesem Abend um den Thron des Ewigen, ihres Königs, scharten. Beim Kuchen stimmte der Vater eine Melodie an, eines dieser Lieder aus dem Osten, die das Herz zerreißen wie ein Schiff, das die Anker lichtet.

Man erhob sich. Doch die Familie verblieb rund um den Tisch, und aus jedem Mund erklang jeweils ein neues Lied. Und alle fingen an, wie unter dem heftigen Schlag des Lebens an ihrem Platz zu tanzen. Das war die berühmte *Majafes*. Gott sang aus dem Mund seiner Gläubigen. Er sagte: »Wie schön du bist, wie sanft du bist in der Zufriedenheit, wenn du zu mir sprichst und wenn ich dir zuhöre, oh, mein Volk! ...«

Und in Litauen, in der Ukraine, in Bessarabien, in der Bukowina, in Galizien, in der Marmarosch, jede Woche, am selben Tag, zur selben Stunde ist Israel, sei es polnisch, russisch, rumänisch, ungarisch, tschechoslowakisch, nicht nur ein verstreutes Israel, sondern stets ein einziges.

XII

Der Pionier aus Palästina

– Schalom!
– Schalom!

Ben und jemand anderes umarmten sich im Bahnhof von Kischinjow. Dann fingen sie eine Unterhaltung an. Man muß sie dabei sehen! Ihre Finger tanzen auf und ab wie Marionetten. Was sagt man über jemanden, der rot anläuft? Man denkt an seine Wangen. Ein Jude, der rot anläuft, muß dies unter den Nägeln tun, denn so bedeutsam sind seine Finger bei der Darlegung seiner Gefühle.

Wir sind in Bessarabien.

Der Mann, der uns empfängt, hebt sich scharf ab vom jüdischen Aussehen in diesen Ländern. Seine Brust ist nicht eingefallen; er hält stolz seine Schultern gerade. Wenn er durch die Straßen geht, schaut er nicht ständig nach allen Seiten und beschleunigt den Schritt. Er hat eine Schirmmütze auf. Er trägt eine Lederjacke, und wenn er seine Hände in die Taschen steckt, spürt man, daß ein Unbekannter für ihn nicht der Überbringer schlechter Nachrichten ist.

Er ist ein *Chalutz*, ein Pionier Palästinas.

Wir erreichen die Stadt. Auf den Ladenschildern dieselben Namen wie in Whitechapel, Mukatschewo oder Oradea.

Der Pionier ist im Auftrag da. Er ist seit zwei Monaten hier und wird in drei Monaten wieder nach Jerusalem zurückkehren. Er ist hergekommen, um Neuigkeiten aus der *Heimstätte* zu berichten.

Die Welt sah eines Tages die Jungtürken in Erscheinung treten, wie sie die Traditionen umwarfen; ich sehe vor mir den ersten Jungjuden!

Ich bemerke ihm gegenüber meine Überraschung und die Bresche, die sein Auftreten in die Menge der Juden schlägt.

– Wir sind einhundertsechzigtausend dieser Art! entgegnet er stolz.

Wir gehen weiter. Er bringt uns zu sich nach Hause.

– Und ich habe Schläfenlocken getragen, werter Monsieur! Ich bin in einer *Jeschiwa*, der orthodox jüdischen Schule, erzogen worden.

Das ist also das Haus des Zionisten. Über seinem Bett das Porträt von Theodor Herzl.

Der Pionier zieht ein schmales, fest eingebundenes Heft aus der Tasche; er hält es Ben unter die Augen. Er dreht es hin und her, zeigt ihm mehrmals Vor- und Rückseite. Es ist ein Paß. Die Grenzen mögen sich abermals verschieben, er wird nicht mehr russischer oder polnischer Untertan sein, auch nicht ein rumänischer oder ungarischer, und gleichwohl war es Herzl gewesen! Er ist jetzt ein Staatsbürger, ein palästinensischer Staatsbürger.

– Jüdischer Staatsbürger, erläutert er, als wolle er einen allerletzten dunklen Gedanken aus unseren Köpfen vertreiben. Und du, sagt er zu Ben, du bist noch immer ein Untertan, ein Sklave?

Ben verteidigt sich. Er ist Jude. Er ist einer der 180 000 Juden in der Tschechoslowakei, die sich als Juden bekannt haben.

– Du bist Jude aus Barmherzigkeit. Du lebst unter der Fahne eines anderen.

– Und ich füge hinzu, sage ich, daß er lieber in Paris leben würde als in Jerusalem!

Der Pionier schlug ihm freundschaftlich auf die

Schulter. Dann öffnete er einen Koffer. Photos! Ganze Photoalben! Eine kleine weiß-blaue Fahne, ein Liedtext mit dem Titel *Hatikvah*.

– Hoffnung! sagte Ben.

Es war die Nationalhymne:

> Solange im Herzen darinnen
> Ein jüdisches noch taut,
> solang gen Südost zu den Zinnen
> Von Zion ein Auge noch schaut,
> Solang lebt die Hoffnung auf Erden,
> Die uns zweitausend Jahre verband,
> Daß ein Freivolk wir wieder werden
> In Zions, Jerusalems Land.

Ben war ganz offenkundig bewegt. Sein Blick wurde einen Moment lang starr. Er las nochmals die in Hebräisch geschriebene Hymne. Dann legte er ergriffen das Blatt auf einen Tisch.

– Und das hier ist die Fahne, sagte Alter Fischer, der Pionier.

Und während wir sie uns ansahen:

– Sie weht an Festtagen auf den Balkonen Tel Avivs. Sie bildet die Spitze bei Umzügen, befindet sich auf dem Amtssitz des Bürgermeisters und auf unseren Oberschulen. Ich habe zu ihr einen Schrei aufsteigen hören, den ich noch immer darin habe (er berührte sein Herz), ein unglaublicher Schrei, ein Schrei, den du noch niemals gehört hast wie auch all die anderen Millionen nicht, ein Schrei, der seit mehr als zwanzig Jahrhunderten nicht ausgestoßen wurde: Es leben die Juden!

Ben schaute instinktiv um sich.

– Dort unten öffnet man die Fenster, wenn man das ausruft, und weißt du: Es leben die Juden, mein Herr,

das löst bei jemanden, der nur im Ohr hatte »Tod den
Juden!«, eine Revolution in der Seele aus. Die Wunderrabbis, die den Propheten Elias haben heruntersteigen
sehen, dürften keine vergleichbare Empfindung gehabt
haben.

Alter Fischer war achtundzwanzig Jahre alt. Er
schien nicht nur vom Feuer des Zionismus erfaßt, sondern auch von den Wassern des See Genezareth gewiegt
worden sein. Er lächelte über den neuen Menschen, der
er nun war. Voller Inbrunst zog er ein Album hervor.

– Seht; was sieht man da im Jahr 1910? Eine Sand-
düne. Und was sieht man heute dort? Eine gewaltige
Stadt. Die Stadt steht an Stelle der Düne, all das ist Tel
Aviv! Das ist die Herzlstraße, die Rothschildallee, die
Max-Nordau-Straße, das ist das Gymnasium, die
Stadtverwaltung, das Kasino, die Synagoge, deren
Kuppel man vom Meer aus sehen kann, über allem!
Man erbaut ein Theater, das prächtig sein wird. Ach, es
ist wunderschön bei uns!

– Weshalb sind Sie hierher gekommen, Monsieur Fischer?

– Ich bin hier, weil ich diese Dinge jungen Leuten zeigen möchte. Israel hat ein Wunder vollbracht, ein Wunder, das man sehen, das man berühren kann. Ich bin
eine Stimme dieses Wunders. Es müßte überall dort, wo
Juden ächzen, Palästinenser geben.

Alter Fischer, der Pionier, war nicht in Bessarabien
geboren, sondern in der Ukraine. Im Jahr 1919 war er
achtzehn Jahre alt.

– Ich wohnte in Shitomir ...

Shitomir ist in der Geschichte der Pogrome ein be-
kannter Name.

– Ich habe alles gesehen. Sie haben vergessen, auch
mich umzubringen, deshalb bin ich noch da. Zwei Ko-

saken gingen gerade auf mich los, um mich aufzuspie-
ßen, doch vier andere Juden, die aus einem Haus flüch-
teten, tauchten plötzlich vor ihnen auf. Also töteten sie
erst einmal diese vier. Ich bin zum Friedhof gerannt.
Zum Glück bin ich dort nicht lange geblieben! Kurz danach haben sie all jene niedergemacht, die sich in der
Totenkammer versteckt hielten.

»In der Zeit war ich ein Federvieh-Jude. Hühner, Enten läßt man auf einem Bauernhof am Leben. Doch eines schönen Tages packt man sie und sticht sie ab, ohne
sich zu schämen. Das verspritzte Blut befleckt niemanden. Der Vorgang ist rechtens. In Palästina hat man mir
zuerst beigebracht, mich gerade zu halten. Halt dich gerade, Ben!«

Bessarabien ist voller Juden. Das zaristische Rußland
hatte in seiner Abscheu vor Israel das erwählte Volk an
seine äußersten Grenzen verjagt. Folglich befand sich
ein Großteil der Juden nach dem Neuverteilungsspiel
der Grenzen außerhalb von Rußland. Heute sind sie
Litauer, Polen, Rumänen. Gleichwohl sitzen sie noch
immer in der russischen Sauce, sprechen nach dem Jid-
dischen russisch, tragen nach russischer Sitte kurze
Stiefel. Sie drängen sich recht ruhigen Schrittes in den
Straßen von Kischinjow. Ihr Kleinhandel geht langsam
voran, aber genau wie sie nicht in großen Sprüngen ...
Kurzum, Hering und Zwiebel schienen mir nicht zu fehlen.

Alter Fischer bemüht sich leidenschaftlich. Wir begleiten ihn am Nachmittag zu einem Rabbi, der wie alle
anderen Rabbiner auch seine nationalen Aktivitäten
behinderte. Bessarabien hat viele Zionisten hervorge-
bracht. Die Strenggläubigen, die Orthodoxen sind darüber ziemlich erregt. Der Rabbi empfing uns liebens-
würdig. Er hatte einen viel zu kleinen Hut auf dem

Kopf, der nur halbhoch war und ins Grau überging. Aber all diese jüdischen Gesichter, die von Geist belebt sind, können das ertragen, was einen Eintänzer der Lächerlichkeit preisgegeben hätte! Die Unterhaltung verlief auf hebräisch. Hier das, was ich verfolgen konnte:

Der Pionier nahm zunächst eine respektvolle Ausdrucksweise an. Im Namen Tel Avivs, der Rabbi strich mit den Fingern durch seinen Bart, sein Kopf bedeutete nein; im Namen Jerusalems, er richtete seinen Blick gen Himmel. Der Pionier öffnete sein Album, breitete das Panorama der neuen jüdischen Hauptstadt vor den Augen des frommen Mannes aus, dann tippte er mit dem Zeigefinger auf die Synagogenkuppel. Der Rabbi öffnete den Mund. Er schien antworten zu wollen: »Es wäre noch schöner, wenn ihr gar keine Synagoge in eurem Tel Aviv hättet!« Der Pionier blätterte die Seiten um, und bei jedem Photo einer Ansiedlung zeigte er auf den Thoratempel. Der Rabbi wechselte die Hand, um sich seinen Bart zu kämmen. Der Pionier bat ihn, sich die *Hatikvah* durchzulesen. Der Rabbi nahm seine Augengläser, klemmte aber nicht die Bügel hinter die Ohren, sondern hielt die Brille mit zwei Fingern fest. Er las aufmerksam bis zum Ende, gab dann das Papier ohne weitere Regung dem Pionier zurück, zweifellos dachte er, daß ein Volk im Besitz der mosaischen Gesetze keine Posaunen, Hörner oder Kesselpauken nötig habe. Der Pionier unterstützte seine Worte mit knapperen Gesten. Den Namen Theodor Herzl auszusprechen schien mir eine Katastrophe zu sein. Der Rabbi lächelte, doch seine Körperhaltung wurde ablehnend und seine Miene augenblicklich sehr ernst. Dann zitierte der Pionier Namen, Namen von zweifellos frommen Juden; dann berief er sich auf andere Rabbiner: Rebbe Aron, Rebbe Keppler, Rebbe Siovits. Dann konnte man verstehen, wie er die Feierlichkeiten am Jom Kippur in der Ebene von Jesreel nachzeichnete. Der Rabbi blieb die ganze Zeit über sehr freundlich, aber gegen Ende folgte er kaum noch den Darlegungen des guten Pioniers. Er hatte zweifellos den Blick zum fernen Sinai erhoben!

Wir verließen das Rabbinat.

Alter Fischer war wütend. Er führte uns im Eilschritt durch Kischinjow. Das machte uns warm. »Wer hat ihnen bloß den Messias in den Kopf gesetzt?« fragte er, als hätte der Schüler der *Jeschiwa* das bereits vergessen. »Weil sie auf ihn warten, lassen sie sich lieber den Hals abschneiden. Sie sind wie die Bewohner von Stromboli, die auf den Ausbruch lauern!«

– Monsieur Fischer, ihr seid vierzehn Millionen, davon die gute Hälfte auf mehr oder weniger erloschenen Vulkanen; Sie können nicht alle in Palästina wohnen lassen.

– Dort wohnen? Nein, aber sie können dazu gehören. Man kann Millionen von Pässen wie meinen herstellen.

– Die Regierungen würden Ihre Pässe auf öffentlichen Plätzen verbrennen.

– Das bleibt abzuwarten.

– In der Tat, wir werden es sehen, Monsieur Fischer. Jetzt gehen wir erst einmal essen. Der Magen braucht etwas Gutes!

Mein Tisch war an diesem Abend eine regelrechte Windrose, die alle Himmelsrichtungen Israels zeigte, aber nur die Richtungen nach Osten: ein kleinrussischer Jude, zwei polnische Juden, ein rumänischer Jude, ein tschechoslowakischer Jude, ein litauischer Jude, ein ungarischer Jude und ein Jude: Alter Fischer. Was für eine Gedankenvielfalt! Wie lebendig der Geist all dieser Juden ist! Ein unlösbares Problem kann nur wirklich ein Volk reizen, das nie aufgehört hat zu suchen. Alles und jedes passierte Revue: Lord Balfour, Theodor Herzl! Die jüdische Bank.

– Verstehen Sie, sagte der Kleinrusse, die jüdische Bank, das sind keine leeren Worte! Wenn sie wollte!

Man unterhielt sich über die Rabbiner, über die europäische Politik.

– Wir sind ein multinationales Volk, sagte Ben, der Tschechoslowake. Eines Tages wird Europa auch multinational sein. Und multinational muß nicht weniger national heißen. Wenn Europa multinational sein wird, dann ist die jüdische Frage hinfällig.

Man kam auf die zionistischen Anführer, die Araber ...

– Wir möchten uns mit den Arabern verständigen, meinte der Pionier, auch wenn sie es nicht wollen, wir werden uns verständigen.

England wurde bis in die tiefste Tiefe seiner Gedankenwelt erörtert.

– Dieses Land benutzt euch, sagte Ben, und wenn ihr zu nichts mehr taugt, wird es euch im Stich lassen.

Niemand erhob Widerspruch.

Und man überging nicht die assimilierten Juden, die Juden des Okzidents, besonders die in Frankreich, »die egoistischsten«; Messieurs, man hat schlecht über sie geredet!

XIII

Werden Sie nach Jerusalem gehen?

Czernowitz ist die Hauptstadt der Bukowina. Die Bukowina ist rumänisch geworden, Czernowitz heißt heute
Cernauti. Es ist eine Bergspitzenstadt. Man dürfte sie
schneller mit dem Flugzeug als mit der Eisenbahn erreichen, nicht wegen der Geschwindigkeit des Flugzeugs,
sondern wegen der Lage der Stadt, denn sie liegt dem
Himmel näher als der Erde.

Eine Stadt, die keine Angst kennt. Irgendwo verloren
im tiefsten Binnenland, hält sie sich für eine Hafenstadt!
Sie müssen fest in Ihren Schuhen stehen, um nicht ins
Stolpern zu geraten angesichts des Schauspiels, das sie
einem bietet. Es ist Hamburg ohne die Elbe, Marseille
ohne das Mittelmeer. Cernauti hat kein Wasser in der
Nähe, nicht einen Tropfen, aber es hat alle Schiffahrtslinien der Welt.

Die erste, der ich begegnete war der *Lloyd Sabaudo.*
Zwei gewaltig große Passagierdampfer an den Enden
des Reklameschilds luden zu langen Reisen ein. Zuerst
dachte ich, der *Lloyd Sabaudo* sei etwas verrückt oder
vielmehr sein Reklameschild wäre das Ergebnis eines
Gelübdes, vielleicht ein Weihbild von geretteten Schiff-
brüchigen? Ich setzte meinen Weg fort, hielt einen Juden für einen moldawischen Bauern. Dann bemerkte
ich auf Höhe des ersten Stockwerks: *Norddeutscher Lloyd
Bremen-Amerika.* Wie viele überlebende Schiffbrüchige in
diesem Land! Etwas weiter: *Hamburg-Amerika Linie.* Ich
war beinahe so weit, einen Einwohner der Stadt anzu-
halten, um von ihm eine Erklärung zu erbitten. Doch
die Schilder ließen mir keine Zeit. Hintereinander

tauchten die *Cunard Line* und der *Canadien Pacific* auf. Sie hätten mich sehen sollen, um den Anblick eines völlig verdutzten Menschen festzuhalten. Das waren keine Weihbilder: Unten öffneten sich Büros, schöne Büros, *Birou di Voïag*, mit allem, was dazu gehört, um einen Menschen ans Ende der Welt zu verfrachten. Dann über einer ganzen Atlantikflotte drei riesige Initialen, NGI, die allgemeine italienische Schiffahrtslinie. Die etwas weiter entfernte *Royal Mail Line* machte mehr Eindruck auf mich. Ich ging weiter und dachte darüber nach, daß Frankreich wohl vernünftiger sei. Man richtet keine Büros von Schiffahrtslinien auf einem Berggipfel ein, von wo nur Meere von Schnee und Eis zu sehen sind. Der gesunde Menschenverstand, sagte ich mir, ist tatsächlich das Hauptmerkmal der Franzosen. Auch wenn uns gewisse Gaben fehlen, so haben wir doch einen Sinn für das Vernünftige. »He!« meinte Ben, der meinem Monolog kommentarlos zugehört hatte; und mit dem Finger zeigte er mir: *La Transat, compagnie française, Brésil, Argentine, Uruguay*.

Um dieser Provokation zu entgegnen, blieb mir nur noch übrig, von jetzt an auf der Stelle ein Zelt mitten im Pazifik aufzuschlagen anstatt in den Berner, Bergamasker oder Savoyer Alpen!

Der eigentliche Clou war, daß die *Birou di Voïag* nicht zur Ruhe kamen. Die Menge wartete in der Kälte vor den Türen, wie die leidenschaftlichen Anhänger von *Manon* auf dem Gehsteig vor der Opéra-Comique. Die künftigen Schiffsreisenden waren schlecht ernährte Bergbewohner, die in Mäntel aus Schaffell gekleidet waren und spitze imitierte Astrachanhüte auf dem Kopf trugen. Von hinten betrachtet glichen sie Mitgliedern des Ku-Klux-Klan. Ruthenen, Kleinrussen, Moldawier, im Angesicht der verführerischen Plakate träumten sie alle geduldig von Kanada oder Argentinien. Die großen Geschäfte leben nicht nur vom Reichtum; hier hat das Elend die *Birou di Voïag* erzeugt. Der Boden, der keinen Ertrag bringt, füllt die Überseeschiffe.

Vor der *Atlantic* betrachtete ein Jude, der auf seinem Bart kaute, sehnsüchtig die glücklichen Auswanderer. Er erinnerte an einen Bettler, der verlockenden Küchenduft wittert. Ben fragte, ob er ebenfalls ausreisen wolle. Mit einer traurigen Handbewegung vertrieb er eine so wunderschöne Hoffnung. Aber er rührte sich nicht vom Fleck. Er hatte den Ausdruck von Charlot, der dem weiterziehenden Zirkus nachblickt.

*

In Cernauti sind von 140000 Einwohnern 80000 Juden, und von 100 Kaufleuten sind 92 jüdisch. Über den Ladentüren stehen die Namen wie schon in Whitechapel, Prag, Oradea, Kischinjow. Immer wieder die Goldenberg, Landau, Wolf, Nathan, Salomon, Jacob und einige heimische Endungen wie *ich* oder *wiez,* die noch nicht ganz Europa durchquert haben. Wir gingen durch die Strada Regina-Maria. Die jüdischen Ladenbesitzer stellen ihre Köder draußen auf die Straße. Auf Eisenstangen hängen kleine Paletots, Hüte, Schuhe, Unterwäsche, Handschuhe. Die Straßen sehen aus, als seien sie die Gänge eines gewaltigen Kleiderschranks, dessen einzelne Stücke vom Wind unterstützt ihre Flöhe auf die Passanten auszuschütteln schienen.

Glauben Sie nicht, daß Sie es mit zwei Männern zu tun haben, die auf ein Abenteuer aus sind. Ben und ich, wir wissen sehr genau, wohin uns unsere Schritte lenken: sie lenken uns zu den Sassners. Die Sassners sind keine Freunde von uns; sie haben noch nie etwas von uns gehört, und wir haben auch erst vor einer Stunde etwas von ihnen gehört. Aber ich habe Ben darum gebeten, so freundlich zu sein und mich als einen äußerst liebenswürdigen Menschen vorzustellen, dann werden sie uns vielleicht nicht vor die Tür setzen.

Die Sassners sind aus Palästina zurückgekehrt. Sie werden vor uns zum erstenmal die angewiderten Zionisten spielen.

Dort liegt schon ihr Laden. Madame Sassner, die ich von der Straße aus bemerke, friert. Sie hat sich in einen Schal gewickelt, der sie offenkundig nicht wärmt. Sie verkauft Heringe und mohnbestreute Hörnchen. Vor dem palästinensischen Abenteuer besaßen die Sassners ein richtiges Geschäft in der Strada Regina-Maria, sie verkauften Pelze. Vom Fischotterfell zur Heringshaut, was für ein Abstieg!

Madame Sassner erfuhr zunächst eine herbe Enttäuschung; wir waren leider keine Käufer. Aber Ben verwickelte sie alsbald in ein Gespräch auf jiddisch.

– Sie sagt, daß sie nicht hingeht, meinte Ben.

– Danach wollte ich gar nicht fragen. Zuerst möchte ich wissen, warum sie, ihre Schwester, ihr Mann und ihre beiden Kinder fortgegangen sind?

– Sie sagt, daß der Mann entschieden hat, weil der Mann ein wenig verrückt sei. Sie meint weiter, daß alle jungen Leute auch ein wenig verrückt seien und daß man diejenigen verprügeln sollte, die ihnen Palästina in den Kopf setzen würden.

– Wo haben sie gewohnt?

– In Tel Aviv!

– Wenn sie dort Felle hatten verkaufen wollen, dann verstehe ich alles!

– Nein! Sie schufteten dort als *Friser*. Sie, die Kinder, die Schwester, der Mann, alle schnitten sie Bärte und Haare, aber es gab dort bald genauso viele Friseure wie Bärte. Außerdem sind sie nicht die einzigen gewesen, die zurückgekommen sind. Es gehen mehr wieder fort, als neue ankommen. Sie meint, daß Palästina gut für die ganz Reichen ist oder die ganz Armen, also für die, die nichts zu verlieren haben, und für die, die nichts zu verdienen brauchen.

– Fragen Sie sie, was mit ihrem Wunschbild geschieht.

– Sie meint ... Aber Sie haben es schon verstanden, sagte Ben.

In der Tat, mit der Hand zeigte sie auf ihre Heringe: Das Wunschbild ihres Ehemannes war in der Salzlake untergegangen!

Dann erschien der Mann. Er teilte nicht die Bitterkeit seiner Ehefrau. Palästina war gegen ihn gewesen, aber er war nicht gegen Palästina. Er verteidigte sehr wohl die Meinung, daß ein Sieg nur mit großen Opfern errungen werden kann.

– Fragen Sie ihn, ob er gewußt hat, daß der Zionismus sich auf die Landwirtschaft gründet und nicht auf den Handel.

Der Ex-Friseur aus Tel Aviv hatte es durchaus gewußt. Doch sein Glaube war nicht stark genug gewesen, ihn zum Erdboden hinunterzubeugen. Er hatte sich eher einen müheloseren Zionismus vorgestellt. Und er zog daraus den Schluß, daß die Rückkehr der Sassners kein Beweis gegen Theodor Herzl war. Eine jüdische Frau hat sich respektvoll ihrem Ehemann unterzuordnen, und so zuckte Madame Sassner nicht mit den Achseln.

Von dort suchten wir zwei Partner, die wir nun waren, weitere Läden auf.

– Wir gehen hinein, sagte ich zu Ben, und Sie stellen umstandslos die Frage: »Werden Sie nach Palästina gehen?«

Wir betraten die Schwelle von Jacob Isler, einem Schildermaler. Er vollendete gerade in blauen Buchstaben den Auftrag eines Samuel Mandula. Über die Malfläche gebeugt, schien er, damit es schneller ging, einen Buchstaben mit dem Pinsel und einen zweiten mit dem Bart anzufertigen. Ben wandte sich an ihn.

Jacob Isler erhob sich und antwortete zunächst nicht. Er warf einen besorgten Blick auf die Straße, wohl in der Befürchtung, wir hätten noch Verstärkung dabei. Dann fragte er:

– Von welcher Organisation sind Sie?

– Es geht darum, in Erfahrung zu bringen, wie viele Emigranten Cernauti zur Verfügung stellen könnte.

– Von seiten der rumänischen Regierung?

– Nein, das ist eine innerjüdische Angelegenheit.

Jacob Isler betonte, daß er sich hier wohl fühle.

– Sie haben aber trotzdem ein Porträt von Theodor Herzl an der Wand.

– Aber, meinte er lebhaft, das ist doch nicht verboten!

– Sie wollen demnach nicht nach Palästina gehen?

– Nein! Ich bin viel zu alt.

Wir verabschiedeten uns.

Den Pinsel in der Hand verfolgte Jacob Isler von der Tür seines Ateliers aus lange mit den Augen die geheimnisvollen Botschafter.

Nun waren wir bei Bela Pola, einem Buchhändler. Wir traten ein.

– Schalom! sagte Ben.

– Schalom!

Wir blätterten in einem alten Talmud. Ich kaufte sogar den *Zohar,* das Buch der Verheißung. Der Buchhändler glaubte nun, daß wir Anhänger der Kabbala seien. Er war einer. Gott verlange, in Freude, in Verzükkung geliebt zu werden, durch Wein, Tanz und Gesang und nicht durch Askese. Wir versicherten ihm, daß wir derselben Meinung seien. Gemeinsam spotteten wir über den Gaon von Wilna, der einen Bannfluch gegen ein so schönes Buch richtete, und ich stieß Ben mit dem Ellbogen an. Er sagte die Formel auf.

Der Buchhändler wackelte mit dem Kopf, fächelte seiner Brust Luft mit seinem Bart zu. Er gab zur Antwort, daß die Sache der Juden nicht Sache der Menschen sei. Man könne natürlich nach Palästina gehen, aber noch habe nicht das geringste Zeichen ihn dorthin befohlen. Die Versammlungsglocke Israels habe noch nicht geläutet. Er würde in Cernauti bleiben. Es sei hier nicht schwierig, das weiße Brot des Schabbats zu verdienen. Was die moralischen Verfolgungen anginge, so sollte ein jüdischer Geist sie zu Genüge kennen, um sich darüber nicht weiter zu wundern.

Wir verließen den Laden.

Juda Fried war Uhrmacher. Man sah ihn schon von draußen, wie er sich über seinen Arbeitstisch beugte und die Zugfeder einer Damenuhr neckte. Auch heute waren wieder sechsundzwanzig Grad unter Null. Die Verlockung eines Innenraums ließ uns die Tür von Juda Fried aufstoßen.

Das Porträt von Theodor Herzl hing zwischen lauter Pendeluhren.

– Schalom!

– Schalom!

Da meine Uhr nicht mehr ging, legte ich sie wie selbstverständlich in die Hand des Fachmannes. Ich bat Ben, sie ihm ans Herz zu legen, denn ich hätte eine große Reise vor, ich würde nach Jerusalem fahren.

Beim Namen Jerusalem hob ein zweiter Uhrmacher, ein junger Mann, den Blick. Dann wandte er sich Ben zu. Auch der Vater beteiligte sich an dem Gespräch.

Juda Fried erklärte, daß sein Sohn einen vom Zionismus völlig verdrehten Kopf habe. Er hätte das Porträt von Herzl gekauft.

– Sagen Sie ihm, daß ich seinen Sohn mitnähme, wenn er es möchte.

Ein Zornesausbruch brachte den Bart des älteren Uhrmachers in Wallung. Sein Sohn ginge nicht da runter, niemals!

– Und wenn er erwachsen ist?

– Nun, das dauert noch!

Juda Fried sah uns nun gar nicht mehr freundlich an. Er hielt uns für *Chalutzim*. Sicherlich wird er meine Uhr unbeachtet lassen.

*

Im Laden eines Pferdewursthändlers haben wir Salomon R... kennengelernt. Ein alter Mann saß dicht an einem Ofen. Er war es. Beim Klang des Französischen stand er auf und sagte zu uns:

– Ich begrüße sie, Messieurs.

Salomon R... war glattrasiert und ärmlich gekleidet. Das Elend und die Philosophie begleiteten würdig seine Person. Er sagte uns, daß unsere Begegnung ihn in einem so selten besuchten Land glücklich mache, denn er habe lange in Frankreich gelebt. Zadoc-Kahn war ein Freund seines Vaters, der Großrabbiner in Frankfurt war. Er hatte in Frankreich wie ein richtiger Franzose gelebt und dann lange Zeit in Wien. Er verbrachte nun seine ungewissen letzten Tage in Cernauti, wo die jüdische Gemeinde in Erinnerung der Vergangenheit seiner Vorfahren ihn halbwegs unterstützt habe. Er wiederholte:

– Ich begrüße Sie; ich möchte auf diese Weise Frankreich für seine legendäre Gastfreundschaft danken! Ein langes Leben, Messieurs: dreiundsiebzig Jahre; aber nie Franzose, Deutscher oder Rumäne, immer ein Jude!

– Vielleicht könnten Sie doch noch nach Palästina gehen?

– Messieurs, ich habe dreiundsiebzig Jahre versucht, den Europäern zu gefallen, andere als ich sollen es mit den Arabern versuchen!

XIV

Das Lemberger Ghetto

»Mein Zorn wird nicht ewig dauern.«

Er dauert an, Herr, in Lemberg gegen Euer Israel.

Ein neues Antlitz jüdischen Lebens tritt uns gegenüber. Wir haben soeben eine weitere Grenze überquert. Wir befinden uns jetzt in Polen, in Kleinpolen. *Mala Polska*. Das heißt Galizien.

Unter den Österreichern hieß die Stadt Lemberg. Jetzt lautet ihr Name Lwow. Man sagt auch auf französisch Léopol.

Wir werden erstmals ein Ghetto sehen.

In der Tschechoslowakei oder in Rumänien haben wir eine Vorstellung von jüdischen Zentren gewonnen. Ohne Trennlinie zwischen Juden und Europäern. Eine Mischung, bei der die Juden vorherrschten. In Lemberg sind die Juden unter sich. Sie sind achtzigtausend gegen zweihunderttausend Polen. Wenn man dem Wort *gegen* den Sinn von Zusammenprall geben will, dann sollte man eher sagen, daß zweihunderttausend Polen gegen achtzigtausend Juden sind.

Das Leben, das sie dort führen, ist infernalisch. Alle hoffen auf Flucht. Zwanzigtausend sind im Jahr 1926 fortgegangen, fünfzehntausend 1927. Aber die Vereinigten Staaten und Kanada haben soeben ihre Tore geschlossen. Argentinien verlangt hundertfünfzig Dollar. Frankreich zeigt sich widerspenstig. Palästina lockt nur die Jungen. Man muß also in einem Alptraum verharren.

Das polnische Lemberg ist eine hübsche Stadt. Doch wir sind wegen des anderen Lemberg hier. Es liegt genau am Ende der Legionenallee, hinter dem Theater, der Grenzstein. Der Hotelportier hat zunächst gelächelt, als ich ihn nach dem Weg zum Ghetto fragte, doch dann sagte er: »Geradeaus, Sie werden es dann schon sehen!«

»Zu welcher Verzweiflung seid ihr getrieben. Zu welch entsetzlicher Verwirrung? Eure Häuser sind dem Erdboden gleichgemacht!«

Es ist zweifellos das Ghetto von Lemberg, über das Jeremia sprechen wollte.

Die Häuser sind im Jahr 1918 dem Erdboden gleichgemacht worden, beim letzten schweren Pogrom. Die Söhne Israels krochen Tag und Nacht auf allen vieren durch die schmalen Gassen, als suchten sie nach Abfällen. Die Hände mit Stoffetzen umwickelt, schwarze Punkte auf dem Schnee, den Kopf zwischen die Schultern gedrückt von den Hammerschlägen des Elends, in Gedanken versunken, untätig, ohne Grund einsam in der Mitte eines Platzes verharrend, wie einst die Propheten, stimmlos und ohne Zuhörerschaft, so bepflanzen sie eher dieses Ghetto mit ihrem Schattenwurf sturmgebeugter Zypressen, statt es mit Leben zu erfüllen.

Die Türen und Wände ihrer behelfsmäßigen Läden

sind mit Reklameschildern verblendet. Wie Verbandszeug auf den Wunden ihrer Fassaden wirken diese Blech- oder Pappschilder der Häuser ein wenig lächerlich. Das Viertel schwimmt im Geruch von Zwiebel und Hering. Ein Hering ist schon zuviel gesagt, ein Hering in sechs Teilen! Diese auf einer Zeitung ausgebreiteten Stückchen führen den ausgehungerten Besitzer von zehn *Groszen* in Versuchung! Die Presler, diese mit Ei ausgebackenen und mit Mohn bestreuten Croissants, machen den Heringskarrees Konkurrenz. Alle im Ghetto essen im Stehen. Man darf sich nur am Freitagabend zu Tisch setzen. Sie essen im Gehen, wie von eiligen Geschäften Gehetzte. Dort kauft einer ein Presler, beißt hinein, bemerkt, daß bereits andere lange Zähne in sein Hab und Gut gebissen haben. Er legt es zurück und nimmt ein neues. Was bleibt von diesem Croissant für den letzten, der vorbeikommt, wohl übrig?

Der Markt ist das Herz des Ghettos. Ein Haufen Baracken, wie man sie nach einem Erdbeben oder einer Brandkatastrophe aufbaut. Das Beben oder der Brand müssen schon weit zurückliegen! Diese Baracken sind äußerst wackelig. Gleichwohl herrscht dort Leben! Wenn Manna vom Himmel fiele, dann hier.

– *Handel! Handel!* Ich verkaufe, rufen all diese Juden. Ich verkaufe, ich treibe Handel, ich habe alles! Ich verkaufe Gebrauchtwaren, ganz offenkundig, aber ist das Gebrauchte nicht soviel wert wie das Neue? Nur die Seele allein muß schön sein, rein und unversehrt, um dem Herrn als Spiegel zu dienen. Macht schöne Kleidung eine schöne Seele? Blickt der Ewige auf eure Schuhe, euren Kaftan? Hier liegen Strümpfe aus, Sokken, die keinen Fußteil mehr haben. Haben Strümpfe das nötig, wo doch eure Füße schon die Schuhe haben? *Handel!* Ich verkaufe fettfleckige Kaftane, so daß Sie glauben können, Sie hätten sie selbst verschmutzt bei einem dieser denkwürdigen Festessen! *Co Pan Kupuje,* was möchten Sie kaufen, mein Herr? Man hat Lust zu antworten: für zwei Sous Elend! Es ist so im Überfluß vorhanden, daß man für zwei Sous sicher genug bis an sein Lebensende bekäme! Die Preslerverkäufer, die frierend vor ihren Körben stehen, rufen ununterbrochen *Pientsch Groszen,* fünf Centimes! Und sie geben einem ihr Ehrenwort, daß die Ware sie selbst mehr kosten würde.

Trotzdem sind die Frauen schwanger. Sind es ihre Lumpen, die ihren Hals zu kurz erscheinen lassen? Bläht sie die Kälte auf? Lutschen sie heimlich die Gräten eines sauren Herings aus? Schwanger, aber bleich. Ihre Fettleibigkeit entspricht dem eines Hammels.

Ein Markt? Eher ein Rieselfeld! Eine Auswahl aller Abfalleimer der polnischen Stadtteile! Die Kaninchen, deren Felle man anbietet, scheinen mit dem Maschinengewehr getötet worden zu sein. Die Pelze sind nur noch ausgekochte Tierhaare.

– Wir verkaufen nichts, erklären diese bettelarmen Menschen.

Warum verfolgen sie uns, als wären sie Tauben in Erwartung von ein paar Körnern? Vielleicht haben wir kein Loch in der Hose? Das wäre hier allerdings von größter Einmaligkeit!

– Messieurs, sage ich zu ihnen, Sie werden nach Palästina gehen müssen.

– Ach, die haben da unten schon genügend gelockte, schmutzige und verlauste Juden!

– Meinen Sie, Sie sind anders?

– Deswegen. Dort oder woanders! Um dort unten sein Geld zu verdienen, muß man hart arbeiten.

– Und hier?

– Hier wartet man ab, und man bekommt keine Malaria.

– Worauf warten Sie?

– Äh, auf einen Mantel mit einem falschen Pelzkragen so wie Ihrer.

– Und außerdem?

Einige Hände antworteten für alle. Die Geste ist hinlänglich bekannt: sie bezeichnet, daß diese Menschen Kinder des Herrn sind und der Gott Israels eine allmächtige Person ist.

*

Die Straßen waren nichts. Das Ghetto von Lemberg befindet sich in den Häusern. Wir haben drei Tage damit verbracht, es zu besichtigen. Wenn wir Rechenschaft über unsere Arbeit ablegen wollten, dann müßte man Straße für Straße nehmen, und mit Nummer 1 beginnend, eine Liste folgender Art anlegen:

Synagogenstraße, Nummer 1, neun Familien mit fünf bis acht Kindern, die vor Hunger und Kälte schreien und schlimmer riechen als der schlimmste Misthaufen.

Nummer 2, zehn Familien, dasselbe.

Nummer 3, Nummer 4, beide Seiten der Straße bis zum Ende, dasselbe. Dasselbe in Straßen mit und in den Straßen ohne Gefälle, in den Sackgassen. Vorgestern von zwei bis sechs Uhr, gestern von neun bis ein Uhr, heute von ein bis sieben Uhr, dasselbe.

Am ersten Tag mußte ich einmal Hals über Kopf aus einem dieser Elendslöcher raus, um meine Übelkeit zu beruhigen, die von dem Geruch herrührte. Aus demselben Grund ging ich einmal am zweiten Tag hinaus und zweimal am dritten. Die beiden Juden, die mich begleiteten, weinten, und am Abend wollten sie gerne bei mir am Tisch Platz nehmen, aber sie konnten nichts essen.

Sonnenstraße, wir steigen in einen Keller hinab. Meine Begleiter zünden ihre Kerzen an, und wir tasten uns vorwärts. Keine Stimmen, und doch wohnen zweiunddreißig Personen in dieser unterirdischen Behausung. Wo befinden wir uns? Wir tappen durch matschigen Boden. Durch ein vom Schnee verstopftes Kellerfenster dringt bleiches Licht ein. Der Schleier der Feuchtigkeit umhüllt uns längst, und bald spüren wir ihn am ganzen Körper kleben. Wir erforschen die Grotte mit unseren Kerzen. Zwei kleine Kinder von drei oder vier Jahren im Hemd, deren Hände und Füße in Stoffetzen eingewickelt und deren Haare noch nie gekämmt worden sind, seit sie das Unglück haben, auf diesen Köpfen zu wachsen, stehen vor Kälte zitternd neben ihrem elenden Bett. Uns scheint, daß sich auf der Lagerstatt etwas bewegt. Wir halten die Kerzen tiefer. Eine Frau befindet sich dort. Worin hat sie sich eingewickelt? In feuchte Späne? In muffiges Stroh? Ich berühre es, es ist kalt und klebrig. Was die Frau bedeckt, sollte wohl eine Daunendecke sein, es waren jedoch nichts weiter als ausgekochte Federn und eine Art Stoff, der sich wie eine Wand anfühlte. Wir bemerken darin noch zwei andere Köpfe, zwei ganz kleine Kinder von vier oder fünf Monaten. Das ältere lächelt in die Flamme, die wir um sie herum tragen.

Die Frau hat nicht ein Wort gesagt.

Wir haben das Untergeschoß aufgeweckt. Weitere Bewohner umringen uns im Flur. Wir müssen in jedes Kellerloch eintreten. Sie bleiben am Nachmittag bei sich zu Hause, weil sie keine Kleidung haben, um sich auf der Straße zeigen zu können. Ein einziger ist für alle anderen unterwegs mit den Schuhen des einen und dem Kaftan eines anderen. Wird er irgend etwas Eßbares mitbringen?

In ein Tuch gehüllt begrüßt uns ein langbärtiger Jude im Dämmerlicht. Er besaß ein Haus, während des Pogroms von 1918 wurde es niedergebrannt, und er hinkt, weil man ihn im ersten Stock aus dem Fenster geworfen hat. Seither kann er keine Treppen hochsteigen. Er bleibt im Keller.

Mit den Zähnen halten wir unser Taschentuch unter der Nase fest. Sie zeigen uns die Ursache für den fürchterlichen Gestank. Der Abflußkanal des Viertels durchläuft ihre Behausung, der Behausung von allen in dieser Straße; mehr als dreitausend Juden sind zu Abortleerern geworden, denn wir laufen da nicht allein durch Erdschlamm.

Die Frauen klammern sich an uns fest, heulen vor Elend und lassen sich die Treppe mit hochziehen, die wir wieder hinaufsteigen. Auf der Straße glänzen ihre Wangen von Tränen, auf den Lippen haben sie flehentliche Bitten, und sie halten uns ihre Kinder im bloßen Hemd wie eine Barriere entgegen!

Geben Sie ihnen nichts, sagen mir meine Begleiter. Es bedarf ganzer Waggonladungen von Zlotys, um diesem Elend ein Ende zu setzen. Sie werden stumpfsinnig davon, blind und krumm. Die Kinder verfaulen. Geben Sie nichts ... nichts.

*

Das also ist das Ghetto, ganz einfach. Die Resignation wird für lange Zeit die Lösung ersetzen.

Dieses tragische Elend haben die Juden auch ein wenig selbst gewollt. Es ist auch ihr Werk. Nicht das von den heutigen, sondern das von Juden aller Zeiten. Ein Jude will unabhängig bleiben. Angesichts dieses Ziels wählt er die Rolle des Händlers. Er verkauft! Er würde Läuse züchten und die Haut der Läuse verkaufen, wenn

sie einen Wert hätte. Würde eine Stadt überleben können, die zu fünfundneunzig Prozent aus Verkäufern besteht?

Zweifellos werden sie von den Polen gehaßt. Sie haben sie aus all ihren Monopolen hinausgejagt, sie haben
sie aus dem nationalen Leben vertrieben, noch viel
schlimmer als es die Zaren taten. Aber Polen hat nur die
zurückgewiesen, die sich gegen eine Assimilierung
wandten. Polen will nicht jüdischer sein als Juden polnisch. Und da Polen viel stärker ist, schreien die Juden
auf unter dem Druck. Man zerdrückt sie, man macht sie
mundtot, man bedeckt sie mit Mist, glauben Sie etwa,
daß sie um Gnade bitten? Spitzen Sie die Ohren: sie
stöhnen. Was sagen sie? Sie sagen, daß sie Juden sind!
Pilsudski wird gleichwohl seinen Platz nicht Moses zur
Verfügung stellen!

Ich befand mich auf dem Gehsteig der Drachenstraße
und machte mir Notizen. Ein Pole mit einem Wassereimer kommt vorbei. Er stößt mir seinen Ellbogen in die
Seite und schreit: *»Przecz z drogi psie przcklenty!«*

– Was ist? sage ich.

– Es heißt nichts, meinen meine Begleiter zu mir, rufen Sie keinen Skandal hervor, er hat Sie bei uns gesehen, er hat Sie für einen Juden gehalten.

– Was hat er gesagt?

– Er hat gesagt: »Mach dich aus dem Staub, verfluch-
ter Hund!«

XV

Aber ... Warschau!

Sei gegrüßt jüdische Hauptstadt Europas ... und Pardon den Polen! Ihre Hauptstadt ist auch die Hauptstadt
Israels.

Wir sind jetzt in Warschau. Wir haben die wilden Juden in der Marmarosch gesehen, die ängstlichen Juden
in Transsylvanien, Bessarabien, der Bukowina, die ge-
schlagenen und demütig bittenden Juden in Lemberg.

Hier keine Schläfenlocken mehr. Sie haben sie unter
den Scheren der Kosaken verloren, die von den Zaren
den Befehl bekommen hatten, sie auf offener Straße abzuschneiden.

Whitechapel? Ja! Aber zu europäisch. Wilna, Lodz,
Krakau? Sehr bemerkenswert als jüdische Zentren.
Großartige Visionen! Ein für den Westeuropäer unver-
mutetes Leben. Ein vieltausendjähriges Volk unter Te-
lefondrähten und neben Eisenbahnschienen! Aber Warschau ist die jüdische Königin in Europa. Wenn Saul,
David, Salomon, Rehabeam, Jehu einen Nachfolger
hatte, der König der Juden hätte seinen Thron in Warschau.

Er hätte zahlreichere Untertanen in New York, aber
was für Untertanen! Ungläubige, die die Bundeslade
verkaufen würden, wenn sie sie fänden! In Warschau
wäre David II. unter den Seinen.

Es wäre eine hübsche kleine Hauptstadt: dreihundertsechzigtausend Nachkommen Abrahams. Zweifellos
würde er sie nicht alle auf einen Schlag wiedererkennen.
Europa hat eine erhebliche Anzahl von ihnen verdorben.
Er müßte eine Schofar in den katholischen Vierteln ertö-

nen lassen, um eine allgemeine Zusammenkunft zu bewirken. Aber das würde nicht sehr lange dauern.

Ich sehe ihn, diesen David II., wie er Einzug hält in Nalewki, dem Warschauer Ghetto. Er wäre zunächst im polnischen Zentrum, zum Beispiel im Bristol, abgestiegen. Am nächsten Morgen, nach einer gut verbrachten Nacht, würde man ihn, falls er lebend den Eingang zu seinem Lehen hätte erreichen wollen, in ein Panzerfahrzeug klettern sehen. Fünf Minuten später würde er dann in Nalewki auftreten und laut ausrufen: »Ich bringe euch Frieden; ich bin gekommen, dem Herrn zu opfern; reinigt euch und kommt mit mir!«

Augenblicklich verschwänden sie von der Smotcha, Dzika, Gesia, Stawki, Mila, Pokorna, Muranowska, Pawia, Zoliborska Straße, kämen in Kellern und Gängen zum Vorschein, die bislang von den Heiden nicht entdeckt worden waren, stiegen rasch wackelige, hundert Jahre alte Treppen hinunter, sprängen hervor aus Gräben, engen Straßen und Sackgassen, verließen Märkte und Läden, stürzten hinaus aus den Gebetshäusern, noch den Tallit auf dem Kopf und das Tefillin an Stirn und Handgelenk, so würden dreihundertsechzigtausend Kaftane, Kurzstiefel, flache Hüte mit wehendem Bart und wedelnden Händen in Nalewki zusammenlaufen und ausrufen: »*Jechi Hamelech!*« Es lebe König David II.!

Diesen Traum hatte ich heute in hellwachem Zustand. Ich war dort, in diesem fürchterlichen Ghetto, wurde ständig beiseite gedrängt von rastlosen Juden. Im wilden Durcheinander waren sie unterwegs, besessen vom Dämon schon im vorhinein wirkungsloser Geschäftigkeit. Im Vorbeigehen sprachen mich die einen kurz an und gingen aufgrund meines Schweigens sogleich weiter. Sie hatten mich gefragt: »Bitte, mein Herr, möchten Sie etwas kaufen?« Die polnische Regierung hat sie aus der polnischen Geschäftswelt verstoßen. Sie hat vor ihnen jede Tür zu einer Beschäftigung verschlossen. Entlassen von der Eisenbahn, der Straßenbahn, der Post, den Salzminen, verblieb zum Schluß nur noch ein einziger jüdischer Briefbote im Staatsdienst. Der befragte Minister antwortete, daß er ihn entlassen hätte, weil Juden nicht gut zu Fuß wären. Verstehst du, ewig wandernder Jude? Die Gepäckträger haben die jüdischen Gepäckträger rausschmeißen lassen. Der letzte große Streik in Lodz wurde von sozialistischen polnischen Arbeitern ausgelöst, weil jüdische Unternehmer jüdische Arbeiter eingestellt hatten. Da alle Wege versperrt waren, sind sie alle nach Nalewki zurückgekehrt.

Einer der Zentralpunkte der polnischen Politik lautet: »Juden einpferchen.« Die Parole der Gesellschaft heißt: *Nur Polen!* Der Präsident der Republik ist ihr Präsident und nicht der der Juden. Pilsudski hat reagieren und die Öffentlichkeit auf den Verfassungstext einschwören wollen, der nicht antisemitisch ist. Es ist ihm nicht gelungen. Es leben dreieinhalb Millionen Juden in Polen. Die Gesamtbevölkerung beträgt gut dreißig Millionen. Die dreieinhalb Millionen Juden bezahlen vierzig Prozent der Steuern, und von einem Haushaltsbudget von mehr als drei Milliarden Zloty wird nur ein Bruchteil in Höhe von einhunderttausend Zloty für Israel gegeben. Ein Jude darf nicht der Verwaltung, der Armee oder der Universität angehören. Wie das Volk aus jeder Beschäftigung entlassen wurde, der Arbeiter aus der Fabrik, so ist dem Gebildeten jeder akademische Grad genommen worden.

Warum? Weil die polnische Regierung keine Kraft mehr hat, seit sie daran geht, die jüdischen Fragen zu lösen, der überlieferte Haß der Nation hat alles mitgerissen.

Die Juden Polens sind erneut bei den schlimmsten Stunden ihrer Gefangennahme angelangt.

*

Die Juden haben nicht ein bißchen ihre Lebensweise verändert. Ein Krustentier umklammert um so stärker den Fels mit seinen Scheren, je mehr man ihn davon losreißen will. Und wenn das Geräusch einer knabbernden Maus einen erschreckt, dann hat man die Neigung zum Erschrecken. Die orthodoxen Juden, die man in Warschau Nationaljuden nennt, gehen unveränderten Schrittes auf eine abermalige Tragödie zu, die flache Mütze auf dem Kopf und die Levite am Handgelenk unterscheiden sie von den restlichen Bürgern, so wie die runde Scheibe im Mittelalter. Was die Juden mit dem falschen Kragen angeht, die David II. erst in den Vierteln des Zentrums zusammentrommeln müßte, sie würden gerne sein wie die westlichen Juden, das heißt Jude allein im Sinne der Religionszugehörigkeit. Aber sie haben vergeblich gesagt: »Wir wollen nichts zu tun haben mit diesen schmutzigen krätzigen Juden, mit diesen Rabbis, die nur schlafen und sich der polnischen Staatsmacht entziehen«, die Polen ließen das nicht zu. Also haben sie Partei ergriffen, und wenn man sie kennt, sagen sie Ihnen: »Es ist so, wir sind Fremde!«

Im Augenblick versuchen die einen wie die anderen, so wenig Wolle wie möglich der Schermaschine des polnischen Fiskus anzubieten. »Warum«, sagte ich zu einem in der Dzikastraße, »warum wollen Sie sich nicht von mir fotografieren lassen?« – »Ich habe Angst, dafür Steuern zahlen zu müssen«, antwortete er berstend vor Spott. – »Aber Sie sind reich!« – »Wenn ein Jude reich ist, ist er kein Jude mehr!« Wenn sie nur Fremde sind und wenn der polnische Haushalt ihnen nur einhunderttausend Zloty gewährt, wenn das Sammeln von Abfall nicht reicht, wie gestalten sie dann ihr nationales Leben? Sie haben eine winzige Regierung, die sich Gemeinschaft nennt. Die Gemeinschaft in Warschau wird von einem Triumvirat geleitet: ein orthodoxer, ein sozialistischer und ein zionistischer Jude. Die Gemeinschaft erhebt die jüdischen Steuern. Die Beamten des polnischen Fiskus schaffen, nachdem sie den polnischen Anteil genommen haben, den jüdischen Anteil herbei. Mit diesem Geld unterhalten sie ihre Krankenhäuser, ihre Altenheime, ihre Schulen, ihren Friedhof.

Wegen des Schabbats gehen ihre Geschäfte nur während viereinhalb Tagen in der Woche. Die polnische Regierung hindert sie nicht daran, am Freitagabend und am Samstag zu schließen, aber sie zwingt sie, den Sonntag als Ruhetag einzuhalten.

– Meinen Sie, so können wir reich werden!

– Werden Sie zu Polen, verzichten Sie auf den Schabbat.

– Niemals! Wir wollen nicht auf unsere Kultur verzichten, an die wir zutiefst glauben.

Und in den Straßen ruft man jiddische Zeitungen aus.

Die chinesischen Straßen sind nicht herrlicher als die Straßen von Zion-Warschau. Freunde, die ein Nichts erschreckt, haben mich daran gehindert, einen Klappstuhl zu kaufen, auf den ich mich in Nalewki hinsetzen wollte. Auch wurde ich jeden Abend dabei gestört, wenn ich sehr nachdenklich nochmals in die Viertel zurückkehrte. Das Judentum lebt draußen. Aus dem Orient kommend, lebt dieses Volk orientalisch. Der Sommer ist dazu besser geeignet. Das Wohnungsinnere wird auf den Gehsteig gebracht. Besonders wenn die Kinder nicht gut gedeihen. Aber auch im Winter ist das so.

Diese ewigen Spaziergänger wandern weit von ihren Unterkünften entfernt auf und ab. Sie gehen, äußerst zufrieden darüber, daß sie Füße haben. Und der aufspritzende Straßenschmutz beschleunigt ihren Schritt. In diesem Ghetto, wo sie alles kennen, interessiert sie alles. Wie schön es doch ist, das Leben zu betrachten! Wer weiß, ob der Choleramarkt, der sich ständig am Ende der Zoliborskastraße befindet, diesen Nachmittag nicht doch einen Schatz in sich birgt? Und jene dort, die in den Trommeln der Desinfektionsmaschinen herumwühlen! Einer zieht eine Hose hervor; sein Kaftan dient ihm als Schutz, er probiert sie an! An Barackenwände gelehnt, ziehen begierige Menschen ihre Schuhe aus und schlüpfen in gebrauchte. Die Schuhe, die sie abgestreift haben, sind nicht mehr oder weniger abgenutzt als die, die sie kaufen. Es geschieht allein aus Liebe zur Veränderung. Morgen werden andere die erwerben, die sie heute weggegeben haben.

Nicht alle Winkel in diesem Nalewki sind richtig erkundet, nicht einmal von der Polizei. Man verirrt sich hier mit Schaudern und Vergnügen. Nicht der Angstschauder, die Juden dort spielen nie mit dem Messer oder der Pistole herum, sondern der Schauder vor dem Unbekannten. Die Sackgassen, die Häuserdurchgänge, die untereinander verbundenen Innenhöfe, die nicht überdachten Märkte, die gut verborgen sich überall halten, die ungezählten Taschen auf diesen Märkten, in diesen Höfen, in diesen Durchgängen, in diesen Sackgassen, dieses ganze orientalische Labyrinth enthält sehr viel mehr von Indien als von Damaskus oder Jerusalem. Diese Karawansereien ohne Kamel, diese Khans wie bei Kipling, ewig schreiend, wild gestikulierend, wo alle Namen Israels auf Reklameschildern tanzen, der blinde Prophet sich vortastet, wo regungslose alte Män-

ner mit eingezogenem Kopf das Aussehen auf einem
Bein schlafender Reiher haben, wo andere langsam,
ganz langsam einer unsichtbaren Prozession zu folgen
scheinen; diese Treppenaufgänge, die ebenfalls kleine
Läden sind; diese Keller, aus denen einem zugerufen
wird: »Handel! Handel! Ich verkaufe! Ich verkaufe!«
Diese Rinnsale, die all diese Levis, diese Lews, diese Le-
wis, diese Leviten, diese Levitans, diese Lewistons,
diese Lewinsteins durchwaten, die meine Gegenwart so
sehr erschreckt; all diese Blicke, in denen die Neugier
die Angst vertreibt und die Angst die Neugier; diese uralten Pferde, die zum Skelett abgemagert noch immer
klapperige Fiaker und Möbeltransporte ziehen; diese
Jeschiwaschüler, die, eingerahmt von ihren gelehrten
Schläfenlocken und den runden Hut auf dem Kopf, das
kaum zu findende Brot für den Abend suchen; diese
hübschen Mädchen, mit Locken unter dem Kopftuch,
das Säckchen mit heiliger Erde am Hals, die bald dem
Geschäftsmann aus Buenos Aires folgen werden; diese
nach türkischer Art beladenen Lastenträger; diese die
Wände beschlagende und in die Knochen dringende
Feuchtigkeit; diese unzähligen, lebhaft wie Sterne
leuchtenden Augen mitten in diesem grandiosen Trö-
del, das ist Nalewki!

*

Am Freitagabend bei Sonnenuntergang geht der große
Vorhang des Schabbats über dieser Metropole nieder,
der Vorhang, der das Volk Gottes von den christlichen
Hundesöhnen trennt. Überall wird es leer. Es bleiben
noch ein paar Spaßvögel, die laut ihre Orangen und
Hörnchen anpreisen.
   – Du solltest nach Hause gehen! Du hast nicht mehr
das Recht, etwas zu verkaufen, es ist Schabbat.

Aber sie strecken einem die Zunge raus. Nalewki wird öde. Das jüdische Volk ist endlich in seinen vier Wänden. Die Frau bereitet den Tisch für den Schabbat, holt die weiße Tischdecke hervor, steckt die Kerzen in den siebenarmigen Leuchter. Der Mann zieht seinen Feiertagsanzug an. Und plötzlich belebt sich schon wieder die Straße. Ein Buch unter dem Arm halten die Männer einen Sohn an der Hand, erreichen die Synagogen und die Gebetshäuser. Es gibt viele Gebetshäuser in Nalewki, mehr als Badehäuser in Japan oder Zinntheken in Frankreich!

Eine befindet sich in der Twardastraße Nummer 4. Ich legte die hundert Schritte unter dem Durchgang zurück, der zu ihr hinführt. Schon andächtig traten die Juden ein. Gleichwohl musterten sie mich. Einer hielt sogar in seinem religiösen Elan inne, um einmal um diesen Besorgnis erregenden Unbekannten, der ich war, herumzugehen. Sein bohrender Blick durchdrang das Geheimnis meiner Brieftasche.

– Sie können eintreten, sagte er auf französisch zu mir, als ob er meinen Paß durch meinen Mantel hindurch gelesen hätte.

Ich ging hinter ihm her. Kaum war die Tür geschlossen, verschlugen mir Schwaden frommen Gemurmels den Atem. Jerusalem zugewandt beteten die Juden. Ich sah nur ihre Rücken. Ein schwarzgestreifter weißer Schal, der *Tallit*, hing von ihrem Kopf bis zur Mitte des Rückens. So, sagt man, erschien Gott einst Mose. Ihre langen Bärte, die aus dem Schal hervorquollen, zitterten in die ferne Richtung des zerstörten Tempels. Das Gebet wurde lauter und lauter. In göttlicher Erregung schwankten all diese Körper auf und ab wie leere Boote in bewegter See. Plötzlich riß ich meine Augen auf. Diese Männer, die sich nun im Profil zeigten, hatten

sich in Einhörner verwandelt. Ihrer Stirn war ein Horn
entwachsen! Es war eine dieser Schachteln, die Gebete
enthalten, eine andere war am linken Handgelenk befestigt, das sie gegen ihr Herz preßten. So drang das von
den Lippen gesprochene Gebet auf magische Weise in
Herz und Hirn!

Oh, wir waren nicht mehr in den Zeiten eines Pilsudski!

*Der Herr rief, als er ihn nahen sah: »Mose! Mose!« Er ant-
wortete ihm: »Ich bin es!«*

Ihr polnischen Straßenbahnen, ihr könnt heute
abend durch ganz Nalewki hindurch eure Klingel betä-
tigen: Israel ist nicht da!

XVI

Die Rabbifabrik

Ulica St. Jerka, Nummer 18. Dort ist es schon. Eine
Straße genau wie jede andere in Nalewki, voller Pfützen,
schnellem Gerede und Gesten und dennoch geheimnis-
voll. Ein Gebäude, genauso feucht wie alle anderen
auch, die Steine, der blatternarbige Putz, der mit einem
anderen verbundene Innenhof, die klebrigen Treppen.

Man erwartet mich. Jetzt bin ich im ersten Stock und
brauche nur noch die *Mesusa* mit zwei Fingern anzufas-
sen, die beiden Finger an den Mund zu führen und die
Tür aufzustoßen.

Ich stehe auf der Schwelle der *Mesybtha,* dem Großse-
minar des Judentums der ganzen Welt. Die beeindruk-
kende Jugend, die ihr Brot und ihren Schlafplatz in
Nalewki erbettelt, die hageren und blassen Intellektuel-

len mit dem runden Hut, diese asketischen, inspirierten, vom Moloch Geist verschlungenen Gesichter von sechzehn bis zweiundzwanzig, diese Fackelträger Israels aus Polen, Rumänien, der Ukraine, der Tschechoslowakei oder gar aus Belgien, sie sind alle da. Ich höre sie schon auf der Treppe. Das Geräusch ihrer Stimmen wird lauter, nimmt ab, erstirbt, ertönt von neuem. Die Rabbifabrik läuft auf Hochtouren.

Gehen wir hinein. Ja, gehen wir also hinein! Ist der Geruch vor Ort entsetzlich? Hast du nicht schon ganz andere wahrgenommen? Tu so, als seist du erkältet, beiß auf dein Taschentuch unter der Nase, du wirst dich daran gewöhnen!

Der Geruch ist der besondere der orthodoxen Juden. In einem Kino in Cernauti vertrieb er mich vorzeitig. Dieser Geruch ist eine Mischung aus Zwiebeln, eingelegtem Hering und durchgeschwitztem Kaftan, unter der Annahme, daß ein Kaftan den Dunst einer schweißgetränkten Pferdedecke hat. Als einzelne Person verströmen Sie keinen Geruch, aber in großen Gruppen in geschlossenen Räumen, Messieurs, da verpesten Sie die Luft!

Wie man mir die Banalität meiner Gedanken ansieht! Was hat denn hier der Geruchssinn zu suchen? Die fünf Sinne oder selbst die anderen fanden niemals Einlaß in eine *Mesybtha*. Nichts was von draußen kommt, kann diese Studenten beeindrucken. Absolut nichts. Sie sind nicht zum Essen oder Schlafen hier, weder zum Berühren, noch zum Hören, Sehen, Schmecken oder Riechen, sondern nur zum Lernen. Die Leidenschaft zum Lernen ist auch eine jüdische Besonderheit. Geheimnisse durchdringen, Unwissen beiseite schieben, seine Intelligenz anstacheln, die nie schnell genug vorwärts stürmt, einen Gipfel der Verständnisfähigkeit erreichen, um sich dann nur zum nächsten hochzuschwingen, über alle Ursachen und alle Grundsätze spekulieren, das sind die einzigen Sorgen dieser unermüdlichen Theoretiker.

Dieses Rabbinerseminar ist einmalig: eine jener Visionen, die sich für ein ganzes Leben in Ihrer Erinnerung festsetzt. Man bleibt darüber sprachlos, nachdenklich still, wie vor den Kopf geschlagen vom Unvorhergesehenen. Es waren fünfhundertsiebenundneunzig trunkene, vollkommen trunkene Hitzköpfe in fünf engen Räumen. Seit sieben Uhr trinken sie ununterbrochen, trinken Wissen, Erkenntnis, Entdeckung. Sie stützen die Stirn in die Hand, stoßen den Talmud ungeduldig mit der Nase, heben von plötzlicher Eingebung erfaßt hin und wieder den Blick, tragen den runden Hut falsch herum auf dem Kopf, lassen die Schläfenlocken erregt hin und her schwingen und von links nach rechts, weil das Studium sie bis zu dem Punkt entflammt, wo sie nicht mehr ruhig sitzen bleiben können, so werden sie Stunde um Stunde lauter, brüllen auf wie gottbegnadete Taube, ohne daß sich einer um den Nachbarn kümmert. Man könnte meinen, eine Versammlung von Kinderpropheten säße auf dem Bücherstapel der Erkenntnis!

Auf diese Weise arbeiten sie sechzehn bis siebzehn Stunden am Tag. Was lernen sie? Zunächst einmal den Talmud auswendig, sogar beide Talmude: den von Jerusalem und den von Babylon. Sie stopfen sich buchstäblich voll mit all den althergebrachten rabbinischen Weisheiten. Was ist ein Talmud? Es ist das Buch der Interpretationen der Gesetze Moses von Tausenden von Rabbinern seit Tausenden von Jahren. Es ist die Liebe zur Diskussion bis hin zur Unvernunft. Sinn und Gegensinn eines Wortes sind Gegenstand einer Auseinandersetzung ohne Ende. Man diskutiert beispielsweise nicht mit leichter Hand das folgende Wort Gottes: »Daß ein jeder bleibe bei sich und niemand fortgehe von *seinem Platz* am siebenten Tag.« Was heißt Platz? Bis wohin kann man gehen, ohne gegen den Herrn zu sündigen? Bezeichnet das Wort *Platz* die unmittelbare Umgebung des Hauses? Kann das ganze Dorf als der Platz angesehen werden, den der Herr meint? Wenn ja, gilt das für ein jedes Dorf, welche Größe darf es haben? Welchen Durchmesser also darf ein Dorf haben, um dem göttlichen Willen zu entsprechen? Und wenn dies für ein Dorf gilt, gilt es dann auch für eine Stadt? Wo beginnt eine Stadt? Wo hört sie auf? Sind die Grenzsteine gesetzt, ist dann eine Stadt nicht zu groß, um noch als Platz bezeichnet werden zu können? Wenn sie zu groß ist, um wieviel müßte man sie verkleinern, damit man am Samstag ausgehen kann, ohne den Geboten des Herrn zuwiderzulaufen? Und wer beweist letztendlich, daß die gezogenen Grenzen einer Stadt, die sie in eins bringen sollen mit dem Platz, genau die angemessenen Grenzen sind?

Oh, unersättlicher Geist Israels!

Nicht nur unsere berauschten Studenten geben sich diesen scharfsinnigen Streitgesprächen hin, aber sie ergänzen sie. Sie widerlegen die Urteile der Vorfahren. Sie verfallen einzeln dem namenlosen Zorn gegen die Sichtweise irgendeines alten Bartes. Im Gegenteil, sie genießen manchmal bis zur Ohnmacht die Spitzfindigkeit irgendeines anderen. So hell und klar der Himmel auch sein möge, er ist immer ein wenig getrübt für den Blick eines Hebräers. Die Wahrheit ist nie ausreichend genug fein gewoben für einen Juden. Und eben das lernen diese jungen Akrobaten des Geistes, diese fiebrigen Hirne hier, es geht weniger um die jüdische Literatur, Ethik und Morallehre, sondern eher darum, feinfühliger, wendiger, subtiler, schneller zu sein. Ein sehr schöner Sport!

Sieben Jahre verweilen sie in der Mitte dieses geistigen Aufruhrs, arbeiten bis zur Erschöpfung, bis zur
Verwirrung, und ohne den Ton zu verschärfen, kann
man sagen: bis zur Halluzination. Ich sah mir die großen an, die vom fünften und sechsten Jahrgang, ich sah
sie mir an, die mich selbst nicht sahen. Ich konnte vor einem von ihnen stehenbleiben, als wollte ich mit ihm reden: Er hatte nicht einen Blick übrig! Besessen von seiner Aufgabe, innerlich brennend, durchdrungen von
Wissen erhob er sich von seiner Bank, nicht um mich zu
begrüßen, sondern um laut zu schreien, etwas zu veran-
schaulichen unter dem Überdruck einer Eingebung.

Das war sehr schön, überhaupt nicht lächerlich, be-
wegend, von Größe zeugend und unangreifbar wie der
Wahnsinn.

Ihr materielles Leben ist nicht weniger erstaunlich als
ihr geistiges. Sie kommen aus den Ghettos der Karpaten, Galiziens, der Ukraine, und die Kleidung, die sie
mit sechzehn, wenn sie ankommen, anhaben, tragen sie
noch immer, wenn sie mit dreiundzwanzig wieder gehen. Allerdings sind sie größer geworden. Ihr Wachs-
tum mißt sich an der Ärmellänge ihres Kaftans. Zum
Glück ist keiner von ihnen dicker geworden! Der Kaftan
wird Jahr um Jahr zu kurz, aber niemals zu eng!

Die *Mesybtha*, die von jüdischen Steuern und Spenden
lebt, gibt ihnen eine Mahlzeit nachmittags um drei Uhr.
Sie gibt ihnen keine Unterkunft. Wo bleiben sie? Sie
sind Nachtwächter in den Läden von Nalewki. Die Ge-
schäftsinhaber zahlen ihnen nichts: sie geben ihnen einen Schlafplatz. Was das Abendessen angeht, so ziehen
sie, wie Sie wissen, durch die Hinterhöfe und Märkte,
um es sich zusammenzusuchen. Sie finden es in der
Form eines Preslers, einer Apfelsine, eines Stückchens
Hering, einer Zwiebel. Selbst in der größten Armut hat

Israel stets Achtung vor seinen Gelehrten gehabt. Das ist sein Luxus. Die Reste unserer Tafeln sind für unsere Hunde. Israel liebt keine Hunde, also sind die Reste für ihre Studenten.

Die Reinheit ihrer Tugend ist Legende. Als Engel treten sie ein, als Engel verlassen sie die Schule wieder. Das ganze Ungestüm ihrer ersten Jugend gehört dem Talmud. Allein von ihm träumen sie, allein mit ihm leben sie und gehen sie schlafen. Wenn die Thora die *Gekrönte Verlobte* ist, dann ist der Talmud die *Geschmückte Braut.*

Nicht alle werden Rabbiner, aber nach Abschluß der *Mesybtha* ergreifen alle den Beruf des Schwiegersohns. Schwiegersohn zu sein ist ein Stand für einen jungen Juden, und wenn man ein gelehrter junger Jude ist, ehrt dieser Stand die Familie, in die man eintritt. Die Schwiegereltern sind stolz, einen frommen Juden zu ernähren, der sein Leben der Erkenntnis widmen wird. Einen Schwiegersohn zu haben, der von der *Mesybtha* aus Warschau kommt, ist so schmeichelhaft, daß fromme Orthodoxe, aus Angst einen zu verpassen, sie aus dem Nest abholen. Jede Woche erhält der Oberrabbiner den Besuch künftiger Schwiegerväter. Sie kommen sogar mit dieser Absicht aus New York. Das ist so wahrhaftig, daß wir jeden Tag einen erwarten.

Und da ist er. Er trägt keinen Bart und keinen Kaftan. Dieser Amerikaner ist ein Europäer. Es ist bereits das zweite Gespräch, das er mit dem Leiter führen wird. Er bietet zehn Millionen Dollar im voraus als Mitgift. Der Scheck ist schon ausgeschrieben. Aber er zögert noch wegen des Schwiegersohns. Der Oberrabbiner hat ihm vier angepriesen. Von diesen vier hat der Amerikaner zwei in die engere Wahl gezogen. Wen von den beiden? Der geistige Vater der glücklich Verlobten

will die Entscheidung auf diesen Lottogewinn nicht be-
einflussen. Schauen wir sie uns an.

Wir betreten eine der fünf Werkstätten dieser Gei-
stesfabrik. Die Gehirne laufen auf Hochtouren. Diese
menschlichen Maschinen betrachten den Schwiegervat-
ter und den Eheanbahnungsrabbi genauso wenig wie
sie mich beachtet haben. Sie setzen ihre verrückten
Umdrehungen fort. Wird dieser enthusiastische
Mensch, der so laute Schreie ausstößt, die unbekannte
Jungfrau aus New York erhalten? Nein. Die beiden
Verlobten sind der Kleine dort, der die Stirn in die
Hand stützt und der seinen Kopf hin und her schwingt
wie eine Standuhr ihren Pendel, und der Größere dort,
der, wenn man seinen Gesten und den Bewegungen
seiner Lippen Glauben schenken will, eine lange Auseinandersetzung mit einem der Väter zu Babylon
führt. Beide haben nichts auf den Rippen. Gut, daß der
Amerikaner reich ist!

Der Schwiegervater wird morgen seine Antwort geben. Ich glaube, der kleinere wird es sein. Ist es bei
Wissensgleichheit nicht vernünftig, ein paar Zentimeter weniger ernähren zu müssen?

*

Abends um sieben Uhr verlassen die berühmten Studenten die Stätte ihrer Studien. Den Talmud unter
dem Arm eilen sie mit großen Schritten zu den Geschäften, deren Wachhunde sie sein werden. Eine
Hörnchenverkäuferin an der Ecke Nalewki und Dzika
schenkt einem von ihnen ein Gebäckstück. Er ver-
schlingt es auf der Stelle.

– Haben Sie Hunger?

– Wenn man lernen will, muß man leiden.

– Sie machen nicht den Eindruck, als hätten sie genügend zu essen, meinte Ben und reichte ihm eine *Halu-kah*.

– Mein Ziel heißt nicht essen, sondern wissen.

Und der Student verschwindet in der Dzika, wer möchte da von wild sprechen!

XVII

Geld oder Möbel

Kann es denn lustig sein, einem Steuereintreiber zu folgen, der Unglückliche zum Weinen bringt?

Ein polnischer Staatsbeamter, der diese Aufgabe bei den Juden aus Nalewki hat, versicherte es mir eines Abends in Warschau ununterbrochen, während es draußen schneite und wir in der Wärme des berühmten Weinhauses Fukiera Tokajer tranken.

– Schweigen Sie bitte, Mann der rabenschwarzen Seele, sagte ich zu ihm. Komik im Unglück hat nur weiteres Unglück gebracht.

Der Finanzbeamte erklärte mir, daß ich über etwas redete, ohne es zu kennen. Die Angestellten des polnischen Staates werden nicht gerade fürstlich bezahlt, aber diejenigen wie er, die es mit dem jüdischen Viertel zu tun hatten, dachten gar nicht daran, sich zu beschweren. Statt sich zu bereichern, bogen sie sich manchmal vor Lachen.

Wenn es ums Lachen geht, dann braucht man mich nur zu suchen. Man wird mich zur Stelle finden – selbst vor der Mittagsstunde!

So kommt es, daß am nächsten Morgen um neun Uhr

ein Mann im Warschauer Ghetto zwischen den Haus-
nummern 41 und 45 in der Ulica Gesia sich selbst in den
Hintern trat, um wach zu bleiben.

Der Mann, der sich in dieser Weise demütigte, Sie ah-
nen es, ist der Märtyrer der Überlandstrecken, der arme
Reisende, den man nicht einmal seinen Rausch aus-
schlafen läßt und den die Zeitungsdirektoren bei 36
Grad Kälte in Bewegung setzen, als wäre er ein Eskimo!

An diesem Morgen waren es nur minus 7 Grad. Man
hüpfte schon vor Begeisterung. Martialischen Schrittes
ging ich auf und ab zwischen der Nummer 41 und der
Nummer 45. Ich machte den Eindruck eines entwaffne-
ten Wachpostens, der auf hektische Weise seinen Dienst
versah. Daß solch ein Auftreten in der Ulica Gesia augenblicklich für Unruhe sorgt, können Sie sich wohl
denken. Voller Angst beobachteten mich die Juden von
ihrer Ladenschwelle aus. Seit acht Tagen sahen sie mich
hier ein- und ausgehen, stehen bleiben, in ihre Hinterhöfe vordringen, meine Erscheinung ging ihnen nicht
aus dem Sinn. Welche Katastrophe würde dieser pein-
lich genauen Inspektion entwachsen? Trug ich eine
Bombe bei mir? Wenn ja, von welcher Art? Eine politische, eine wirtschaftliche, eine religiöse? Wie viele waren mir gefolgt, um dieses Geheimnis lüften zu wollen?
Sobald ich mich zu ihnen umdrehte, wandten sie sich
ab, hoben ruckartig den Kopf und schienen mit gleich-
gültiger Miene die Windrichtung zu prüfen. Heute morgen begrenzte ich wohl meine Untersuchung auf drei
Gebäude! Ihr unglücklichen Juden der Nummern
41,43, 45, was habt ihr dem Herrgott getan? Wird von
nun an der Friede noch mit euch sein? Mit euch und mit
uns? Wer könnte versichern, daß der geheimnisvolle
Fremde nicht am Nachmittag die Straßenseite wechselt? Und die Kaftane rückten wieder an Kaftane heran.

Kurze Lagebesprechungen wurden abgehalten. Unter Kopfnicken schlossen oder öffneten gleichzeitig die kreisrunden Flächen ihrer flachen Hüte die Wege der Furcht oder der Hoffnung.

Mein Beamter kam nicht. Ich wußte, daß Ulica Gesia übersetzt Gänsestraße hieß. Hielt man mich womöglich für den Paten dieser Straße?

Ein von einem Pferd, das wohl schon lange fern von jedem Heu leben mußte, gezogener Bauernkarren hielt vor der Nummer 43. Ich begriff, daß dieses Transportgefährt der polnischen Steuerbehörde gehörte. Mit einer bedrohlichen Aktentasche bewaffnet, erschien mein Mann. Wir schüttelten uns die Hand. Die Besorgtheit der Juden kannte nun keine Grenzen mehr. Unter ihren immer größer werdenden Augen betraten wir Nummer 41.

*

Der Finanzamtskarren zeigte, daß das Warschauer Finanzamt die Grenzen der Einschüchterung erreicht hatte. Entweder Geld oder Möbel. Wer hat noch gesagt, es ist nicht feucht, wenn es friert? Dieser Wetterkundler hatte keinen Winter in Nalewki verbracht. Dieses Haus klebt vor Feuchtigkeit. Es ist so ärmlich, so traurig! Und die Sonne scheint so herrlich dort unten in Palästina!

Wir begannen mit dem ersten Stockwerk. Klopfen an der Tür. Stille. Wieder Klopfen des Kutschers, der uns begleitete. Wiederum Stille. Die Steuerbehörde wird nun laut und redet auf polnisch. Ein kleines Kind öffnet.

Am Fenster verfolgen fünf Kinder einen Finger, der über den Talmud wandert. Es ist der Finger eines wunderbaren alten Mannes. Ohne den Finger wegzunehmen, blickt der alte Mann uns an. Der Staatsbeamte präsentiert ihm eine Steuerschuld über dreiunddreißig Zloty. Der Alte schaut sie sich an.

– Sie sind doch Isaac Goldschmitt, Religionslehrer?

Der Staatsbeamte wedelt mit seinem Papier, als wolle er ihn dazu bringen, es anzunehmen.

– Ich kann kein polnisch lesen.

Der Pferdekutscher ist auch Übersetzer. Er redet mit ihm auf jiddisch.

– Wofür muß ich bezahlen? fragt der alte Mann. Und auf seinen Bart zeigend: Für ihn? Und auf die Kinder zeigend: Für sie?

– Wo sind die Möbel, die hier vor vierzehn Tagen noch standen?

– Sie sind bei einem glücklicheren, ehrenwerten Beamten!

– Sie haben sie wie immer bei einem Nachbarn untergestellt?

Der Religionslehrer zeigt auf seinen Talmud und sagt:

– Sehen Sie nur, wie abgenutzt er bereits ist, zum Glück werde ich bald sterben!

Der Pole läßt ihm sagen, daß er kein Leichenträger sei, sondern Steuereintreiber.

Darauf hält der Alte ihm seinen Bart hin und bietet ihn an.

– Ich sollte Ihnen den Bart abschneiden und mitnehmen.

– Der Herr, gesegnet sei sein Name, der Herr würde Sie bestrafen, ehrenwerter Staatsbeamter!

Die Steuerbehörde insistierte nicht weiter. Wir standen uns gegenüber.

Überrascht werfen sich zwei Frauen einen Schal über die Schultern. Der Beamte setzt sich aufs Bett, um zu zeigen, daß er es nicht eilig habe. Eine der Frauen nimmt die Rechnung und blickt hinauf zum Himmel.

– Vierzig Zloty, wiederholt sie.

Sie verschwindet in einem anderen Raum. Wir warten. Sie kommt wieder und sagt: Hier!

Sie hält fünf Zloty hin.

– Vierzig, meine Dame, vierzig!

Sie geht wieder hinaus, kommt zurück mit drei weiteren Zloty.

– Vierzig! Meine Dame.

Sie setzt sich neben uns aufs Bett.

Der Beamte sagt ihr, die Steuer sei kein einfacher Hering.

Sie steht auf, kommt wieder und hat nochmals zwei Zloty dabei.

– Nehmen Sie die Stühle mit!

Bevor der Kutscher sie hat anfassen können, sitzen bereits die beiden Frauen darauf.

– Nehmen Sie die Anrichte mit!

Die Stühle unter sich mitziehend stürzen die Frauen zu dem Möbelstück. Ein Mann kommt herein:

– Herr Beamter, vor zehn Jahren sprachen wir nur russisch. Da wir wußten, daß der polnische Staat darüber glücklich sein würde, wenn seine Juden polnisch sprechen, haben wir polnisch gelernt. Ist das nicht vierzig Zloty wert?

– Herr Rappoport, ich werde Ihre Möbel entfernen lassen.

Der Mann stößt einen Klageruf aus. Der Beamte und der Kutscher lachen.

– Was hat er gesagt?

Er bedauert das Pferd. Er sagt: Armes polnisches Pferd, mit dir, unschuldiges Tier, werden wir das Unglück teilen!

Rappoport zieht zehn Zloty aus seinem Kaftan und meint, der ehrenwerte Herr Beamte möge bitte in einem Monat zurückkehren, er wird ihm dann vielleicht mehr geben, als er verlange, denn er habe große geschäftliche Pläne, und bis dahin sei er bestimmt reicher als seine wucherischen Landsleute, die bereits in der Straße Zum Heiligen Kreuz wohnen.

Der Beamte akzeptiert.

Zweiter Stock. Dort bekomme ich, falls die Auskünfte stimmen, etwas neues zu sehen. Die Steuerschuld beträgt einhundertfünfundzwanzig Zloty. Freundlicher Empfang durch eine hübsche Jüdin. Sie zeigt auf die zwei Räume und sagt, daß sie allein zu Hause sei. Der Steuereintreiber betastet die Tapete an den Wänden. Die Papierbahnen sind eine auf der anderen verklebt, sie scheinen aber schlecht zu halten. Man verschiebt ein Möbelstück, das in der Mitte der Wandfläche stand und höher als der Türrahmen war, dann reißt man ein paar Nägel heraus. Die künstliche Tapetenverblendung fällt ab, man braucht nur noch eine Tür aufzustoßen, die nun dahinter freiliegt. Wir stehen in einer kleinen Werkstatt, in der zwei Männer an zwei Strickmaschinen Strümpfe fertigen.

Eine Wohnung für vier Personen ist also auf kleiner zurechtgemacht. Der jüdische Bewohner ist sowohl Unternehmer als auch Händler. Er produziert zu Hause und verkauft in die eigene Tasche. Weder eine Fabrik noch ein Laden noch einen Chef. Frei nach eigenen Gesetzen und unentdeckt, entsprechend der eigenen Vorsicht.

Einer der beiden Männer zählt einhundertzwanzig Zloty ab und händigt sie gegen eine Quittung aus. Auf Einwürfe des Mitarbeiters gibt er zur Antwort, daß seine Wohnung nichts Geheimnisvolles an sich habe. Er habe sich mit seinem Sohn so eingemauert, um dem Geschwätz der Frauen zu entgehen!

Das ganze Haus hallte wider von der Anwesenheit des Steuereintreibers. Türen schlugen. Man hörte dumpf, wie auf den Dielen Möbel verschoben wurden. Eine Hetzjagd wurde im Treppenhaus veranstaltet. Bevor wir überhaupt das dritte Stockwerk erreicht hatten, stießen zwei Frauen mit je einem Kleinkind an der Hand entsetzliche Klageschreie gegen uns aus. Das Schreien der erschreckten Kinder vermischte sich mit dem ihrer Mütter.

– Sie sagen, übersetzte der Kutscher, daß die beiden Kleinkinder Sie anflehen, ihnen nicht die Wiege fortzunehmen.

– Wollt ihr wohl nicht eure Kinder so schütteln, ihr Furien!

Sie gewannen ihr Spiel. Wir traten nicht bei ihnen ein. Gegenüber erwartete uns ein alter Mann. Seine Söhne waren sicher an der Hetzjagd über die Treppen beteiligt gewesen und führten jetzt ihre angsterfüllte Seele in Nalewki spazieren. Dieser Vater hatte einen dieser typischen Köpfe des Ghettos, unverfälscht, schön, fern unserer Zeit, ein Kopf wie Michelangelo ihn Moses verliehen hatte, doch stark gealtert vom langen Warten auf die Prophezeiungen. Sein von jeder menschlichen Unruhe freier Blick folgte in aller Aufrichtigkeit dem Blick des Steuereintreibers, der alle Räume inspizierte. Da es nichts zu pfänden gab, würden wir wohl gleich wieder gehen, doch Michelangelos Modell streckte uns die Hand entgegen.

– Was? Er bittet uns jetzt um ein Almosen?

– Aber ja, sagte der Kutscher, er meint, daß man einem alten Mann kein Geld abverlangen, sondern daß man ihm etwas geben solle!

Wir gingen weiter zu Hausnummer 45.

Ein Krämer, der Salz und Heringe verkaufte – das Salz war das aus den Heringsfässern, was einem schon einen Vorgeschmack nach Suppe gab, hob die Hände gen Himmel, als er den Finanzbeamten kommen sah. Er mußte für den heutigen Tag eine bestimmte Ziegelwand niedergerissen haben, die den Zutritt zu einem Geheimzimmer versperrte. Er verleugnete allerdings dieses Geheimzimmer. Er habe nie etwas davon gewußt, auch seine Frau nicht und schon gar nicht sein Vater. Falls zu Zeiten der Russen die Vormieter die Wohnung in dieser Weise getarnt hätten, war er dafür verantwortlich? Man verlangte von ihm zehn Zloty, um diese Mauer einbrechen zu lassen: Wenn die polnische Regierung ihm also diese zehn Zloty vorstreckt, dann wird in vierzehn Tagen alles fertig sein!

– Begreifen Sie ihre Methode? Wir kommen mit einer Forderung, und sie machen daraus eine Anleihe!

Er schuldete dem Fiskus fünfundvierzig Zloty. Von der Tür aus rief er andere Juden herbei, die vom gegenüberliegenden Gehsteig zusahen. Die Gerufenen liefen herbei. Jeder durchsuchte seinen Kaftan. Die Kollekte ergab achtzehn Zloty. Er entnahm zehn Zloty einer Schublade, schlug die Hände zusammen und stieß einen Klageschrei aus. Er bat um Gnade für den Rest, um Mitleid mit seinem alten Vater. Nacheinander zog er alle Schubladen auf, um zu zeigen, daß sie leer seien. Er ging in das Hinterzimmer, nahm ein Bild von der Wand und brachte es uns: ein Porträt von Pilsudski. Er liebte Pilsudski. Sein Sohn rechnete auf polnisch und sprach es auch. War er, der Vater, nicht ein guter Staatsbürger?

– Und die siebzehn Zloty, Herr Jehuda Mond?

Er zeigte auf seine Heringsfässer:

– Nehmen Sie den Rest als Ware!

– Siebzehn Zloty oder ich nehme die Heringe mit!

Als der Kutscher bereits aufzuladen begann, zog Jehuda Mond einen Hundertzlotyschein aus der Tasche, und in all seiner wiedergefundenen Würde wartete er mit der Ungeduld eines Gläubigers darauf, daß der Fiskus ihm das restliche Geld zurückgäbe!

Vierter Stock. Sieben Personen in einem großen Raum, darunter drei junge Burschen. Mutter und Tochter in Tränen aufgelöst. Zwei Juden im Kaftan, bequem ausgestreckt auf einem Stuhl. Die drei Jungen, die im Talmud lesen, scheinen unser Kommen gar nicht bemerkt zu haben. Es geht um eine vier Jahre alte Steuerschuld über hundertsiebzehn Zloty. Der Staatsbeamte bittet die Frauen, die Schubläden zu leeren. Die Frauen haben vierzig Zloty angeboten, die bereits auf dem Tisch liegen. Laut seufzend leeren sie die Schubläden. Die beiden Kaftane wollen sich nichts von diesem Geschehen ansehen. Sie betrachten ihre Hände, die sie vor den Augen hin und her bewegen. Die Frauen schluchzen. Die drei jungen Burschen gehen auf und ab, vollkommen versunken im Hebräischen. Die Frauen ziehen die Verlängerungsstücke aus den Tischen. Die Kaftane sehen weiterhin nichts, und die Kinder lassen sich mehr und mehr vom Heiligen Buch mitreißen. Der Steuereintreiber ordnet an, die Schränke aufzuschließen. Die Frauen knien nieder. Und je mehr sie aufschluchzen, um so lauter wird das Studium der drei jungen Burschen.

Der Pferdekutscher, der zusätzliche Hilfe gefunden hat, trägt zuerst die Anrichte herunter. Die Frauen stoßen herzzerreißende Schreie aus. Die beiden Kaftane rühren sich nicht vom Fleck. Die drei jungen Burschen lesen immer lauter. Dann entfernt man den Schrank, den Tisch, einen Sessel. Man stellt den Armleuchter beiseite, der nicht pfändbar ist, und nimmt das Möbelstück mit, auf dem er gestanden hat.

Mittlerweile ist der Raum leer.

Nun steht einer der beiden Kaftane auf; er sieht, daß der Staatsbeamte es ernst gemeint hat. Mit nobler Geste zieht er zwei Hundertzlotyscheine aus der Tasche und sagt: »Bitte schön!«

Man trägt die Möbel wieder hoch.

Die Frauen haben umsonst geweint.

Die drei jungen Burschen haben ihr Studium fortgesetzt.

Der Vater hebt den siebenarmigen Leuchter wieder hoch und stellt ihn auf das zurückgekehrte Möbelstück!

XVIII

Beim Wunderrabbi

Am Freitagnachmittag warten in Warschau am Stadtrand Busse an einem Ort, der sich die Union von Lublin nennt.

Schweine, die man zum Markt führt, würden diese Transportgefährte unbequem finden.

Es sind die Wagen aus Gura Kalvarya.

Zwanzig Schritte von dieser Station steht in einem kleinen Bahnhof eine Kleinbahn. Diese Kleinbahn hält ebenfalls in Gura Kalvarya.

Auf dem Platz und im Bahnhof wimmelt es heute von kaftangekleideten Juden mit flachen Hüten auf dem Kopf. Ein Paket in der Hand und mit geschäftiger

Miene erfüllen sie die Luft mit ihrem Jiddisch, erstürmen Busse und Waggons. Sie werden den *Schabbes* beim berühmten Wunderrabbi in Gura Kalvarya verbringen.

Gura Kalvarya, der Kalvarienberg, ist ein Dorf dreißig Kilometer von Warschau entfernt. Zweitausend Einwohner, aber eines der Zentren des osteuropäischen Judentums. Dort sucht der berühmte Zaddik Alter, der Nachfolger des Baal Schem Tow, jener, der im Pferdewagen durch die Karpaten fuhr, um den Zohar mitzubringen, den Kontakt zu Gott, so wie unsere Anhänger der drahtlosen Telegraphie jeden Abend die Radiofrequenzen suchen. Und Baal Schem Tow war, wie ich schon erwähnte, der erste Wunderrabbi. Und Rebbe Alter, Zaddik in Gura Kalvarya und mein Freund, ist auch einer!

Mein Freund? Man muß es glauben, da er nicht zögerte – allerdings nicht für lange, ein Gespräch mit dem Himmel zu unterbrechen, um sich allein mit mir zu unterhalten. Gibt es mehr als einen *Goi* im Jahr, der sich einer vergleichbaren Ehre rühmen kann? Sich Königen zu nähern, berühmten Persönlichkeiten, Kollegen, das ist gar nichts, aber einem Heiligen?

Wenn es um katholische Heilige geht, kein Problem. Sie sind alle tot! Man braucht nur in eine Kirche zu gehen und dort mit ihrer Statue zu sprechen. Jeder, der einen Sou verloren hat, kann zum Heiligen Antonius von Padua wallfahrten. Die heiligen Juden leben. Und man benötigt viel Zeit, um ihnen die Hand geben zu können!

Das gesamte jüdische Warschau bemühte sich acht Tage lang zu meinen Gunsten. Der Großrabbiner, berühmte Advokaten und Ärzte telefonierten mit dem Kalvarienberg. Am sechsten Tag hatten auch die Eltern des Heiligen es nicht geschafft, mit ihm zu sprechen. Sein Körper war sehr wohl in Gura Kalvarya, aber sein

Geist war nicht dort. Er irrte durch diese für uns sichtbaren Wolken, die jedoch den Propheten Elias verbergen, der sich darin genau über dem Haus des Rebbe Alter aufhielt, damit der Geist des Rebbe zu einem Gespräch mit ihm aufsteigen kann.

– Schicken Sie eine drahtlose Botschaft, sagte ich zu meinem Advokaten, wenn, dann jetzt oder nie!

Am siebenten Tag kehrte der Geist des Rebbe Alter wieder in seinen Körper zurück. Elias mußte guter Laune gewesen sein, zumindest vermute ich es, denn der Zaddik antwortete: »Der Fremde kann kommen.«

Am achten Tag …

Ich gelangte nach Gura Kalvarya.

Seit Abraham kannte ich diese Gegend! Vor drei Jahren während des Staatsstreichs von Pilsudski hatten sich genau hier hundert Rabenvögel auf meinen Wagen gestürzt, diese Rabenvögel auf Füßen, denen, Sie wissen es mittlerweile, die Ostjuden auf eigentümliche Weise gleichen. Aber heute erschrecken sie mich nicht mehr. Im Verlauf von zwei Monaten gewöhnt man sich an das Schwarz der Bärte und die Länge der Kaftane. Das ist die einzige Straße, der kleine Platz, dieselben altmodischen Frauen hinter den Fensterscheiben.

– Sind Sie bereits hier gewesen? Die beiden dort sagen, daß sie Sie schon einmal gesehen haben, meinte Ben.

Diese Juden studieren einen Passanten derartig aufmerksam, daß sie ihn drei Jahre später sofort wiedererkennen!

*

Wir befinden uns im Land eines Zaddik. Israel hat ein Dutzend Wunderrabbis. Das ist nicht viel für sechs Millionen Gläubige. (Wir zählen dabei nicht die Juden

Westeuropas und Amerikas mit, für die das Wort der zeitgenössischen Allgewaltigen viel angenehmer ist, als das des Propheten Elias!) Von diesen zwölf Wunderrabbistätten haben vier eine lange Dynastie: Alexandrow, Radzimen, Bels und Gura Kalvarya, denn die Rolle des Wunderrabbis ist vererbbar. Was ist ein Zaddik? Er ist der irdische Interpret des göttlichen Willens. In völliger Einsamkeit tritt er in Kontakt mit dem Ewigen. Ist der von Kotzk, also Polen, nicht für dreißig Jahre stumm und eingeschlossen geblieben? Die Aufgabe eines Zaddik besteht darin, das Volk Israel zu lenken. Zaren, Könige, Diktatoren können reden, der Zaddik wird das letzte Wort haben. Er ist auch Heiler. Er bändigt Nervenkrankheiten. Er vertreibt den Dibbuk, den gequälten Geist eines Verstorbenen, aus dem Körper des Besessenen. Eine Hauptaufgabe liegt darin, Frauen fruchtbar zu machen. Und ab und zu gelingt es ihm auch ... Jeder Wunderrabbi ist selbstverständlich der Feind aller anderen Wunderrabbis.

Glücklich sind die Dörfer, wo sie geboren werden. Der Segen des Herrn ruht über ihnen, ein allumfassender Segen von der geistigen bis zur materiellen Seite. Am weißen Brot des Schabbats und selbst an dem der anderen Tage – kann es daran in Gegenwart eines Zaddiks mangeln? Die Almosen regnen nur so nieder auf den Wundertäter. Eines der merkwürdigsten und wie mir scheint unbekanntesten ist der Teil vom Hundert, den er in geschäftlichen Angelegenheiten erhält. Vor jeder Unternehmung versprechen als heimlichen Schwur Juden 10% der Erträge dem Zaddik. Man sieht sie dann in Gura Kalvarya ankommen, diese großartigen Schuldner, um ihre wundersame Schuld zu begleichen. Fünfzigtausend Franc Gewinn macht fünftausend für den Zaddik!

Während der großen Feste im Frühling und im Herbst machen sich Juden aus den Ländern des Ostens auf den Weg zu den heiligen Männern. Sie begeben sich zu ihnen wie die Muselmanen sich nach Mekka begeben. Zehn- oder fünfzehntausend kommen zu Ostern oder zu Jom Kippur in Gura Kalvarya an und schlagen dort ihr Zelte auf. Wie sie einst beim Auszug aus Ägypten nahe bei Mose in der Wüste zelteten, so zelten sie heutzutage auf dem flachen Land Polens nahe dem Haus des Zaddiks. Zugleich ist das die Gelegenheit für das berühmte Mahl gemäß Baal Schem Tow. Kann man behaupten, so etwas gesehen zu haben, solange man nicht Juden in Rage gesehen hat, wie sie sich heftig um die Gräten eines Karpfen streiten, den Abfall vom Teller des Heiligen?

Ulica Pijarska. Wir sind zweifellos auf dem richtigen Weg, denn es ist schließlich die einzige Straße in Gura Kalvarya. Es ist Sonntag. Die Juden, die gekommen sind, den Schabbat beim Zaddik zu begehen, kehren zum Bahnhof zurück. Als würden wir den Heiligen umbringen wollen, so betrachteten sie uns mit mißtrauischen Blicken.

– Ja, sagte Ben zu ihnen, auch wir werden ihn besuchen. Und selbst wir werden ihn berühren!

– Sagen Sie ihnen, daß ich ihm ein Barthaar ausreißen werde.

– Schweigen Sie lieber, man würde uns sonst steinigen.

Dann sind wir bei seinem Schwager angelangt, der Zeremonienmeister für die Besucher. Ein phantastisches Haus! Man gewinnt so lebhaft den Eindruck, man trete umstandslos in ein Bild Rembrandts, daß man innehält, um nicht die Leinwand zu zerreißen. Und dort in einer Ecke, der Tallit bedeckt sein Haupt, die Gebetsschachtel ist an seiner Stirn befestigt, ein Lederband am linken Arm, dort sitzt ein ungewöhnlicher Prophet in einer wurmstichigen Kathedrale und zeichnet, einen Wassereimer zu seiner Rechten, langsam hebräische Buchstaben auf eine Pergamentrolle. Unterschiedliche Pinsel und verschiedene Tinten stehen vor ihm. Er ist einer dieser berühmten Sefarim, die Thoraschreiber. Rühren wir uns nicht vom Fleck. Bewundern wir ihn. Jedesmal, wenn er den heiligen Namen des Ewigen schreiben muß, hebt er den Blick, preist Jehova, wäscht die Hand in dem Wassereimer und wechselt den Federhalter. Manchmal, wenn sich seine Mission sehr viel furchterregender ankündigt, verläßt er seine Kathedrale und wird ganz und gar für ein rituelles Bad eintauchen. Danach säubert sich der Kopist Gottes, zieht sich wieder an, legt wieder seine Tallit und sein Horn an und nimmt erneut die Feder zur Hand.

Der Schwager des Zaddiks ist ein zwanzigmal freundlicherer Mann. Er läßt uns tausend Jahre alte Talmude bewundern. Durch das viele Blättern sind die Seiten so abgenutzt wie die Stufen einer uralten Treppe. Er vertraut uns auch an, daß der Wunderrabbi kein Einsiedler wäre ... Soeben sei er zum dritten Mal vor den Altar getreten, und seine neue Ehefrau ist fröhlich wie ein Vogel und nicht weniger liebreizend als der glutvolle Wein vom Berge Zion. Jerusalem hat er bereits zweimal aufgesucht, und einmal im Jahr begibt er sich zu den Heilquellen in Marienbad. Er hat Briefpartner auf der ganzen Welt, bis nach Amerika, und da ich aus Paris sei, wüßte ich vielleicht, wo sich die Rue Lamartine befände? Siehe da, der Briefpartner des Wunderrabbis in Paris wohnt in der Rue Lamartine Nr. 28! Ich habe diese Neuigkeit nicht ohne eine gewisse Freude vernommen. Wenn ich in Zukunft einen jüdischen Freund in

der Rue Lamartine treffe, denke ich daran, daß er 10%
seiner Einkünfte dem Hexenmeister aus Gura Kalvarya
versprechen wird.

Gegenwärtig überqueren wir allerdings die Ulica Pijarska. Das Haus des Heiligen liegt gegenüber.

Es ist ein Bauernhof mitten in einem großen Innenhof. In diesem Hof stehen fünf Juden aufrecht wie Zypressen. Wir steigen zwei Treppenstufen hoch, gehen
durch ein Vorzimmer an dreißig Juden mit glühenden
Blicken vorbei, vielleicht dreißig Schuldnern! Der
Schwager öffnet eine Tür. Dann befinden wir uns in der
besonderen Schule des Heiligen, seine private *Jeschiwa*.
Heranwachsende und alte Männer sitzen über denselben Talmud oder denselben Zohar gebeugt. Dieselbe
Inbrunst erfüllt den, der noch nahe seiner Geburt, und
den, der nahe dem Tode ist. Ihre Köpfe sind die bislang
einmaligsten auf meiner Reise. Der eine ähnelt einem
Merinoschaf, der Kahlköpfige dort einem Kondor. Man
möchte meinen, der eine finge an zu blöken und der andere mit den Flügeln zu schlagen. Der Schwager öffnet
eine zweite Tür. Im Hintergrund eines großen kahlen
Raumes sieht uns ein recht kleiner gedrungener und
wohlgenährter Mann mit einer Mütze aus feinstem Fell
entgegen, der die Hände wie Napoleon hält und an einem Fenster steht, das auf einen Misthaufen geht.

Es ist der Zaddik.

Sein Bart ist weiß, und sein Blick hat die Härte von
Diamanten. Ein Blick, der den Geist des Besuchers zur
Regenerierung einlädt.

Kein einziger Stuhl in diesem Thronsaal. Ein Tisch,
ein Sessel, sonst nichts. Diese Macht will nichts dem
Äußeren verdanken.

Wir stehen ihm jetzt gegenüber. Er befragt seinen
Schwager. Er reicht mir die Hand. Was Ben betrifft, so

hat er nur Anspruch auf eine herablassende Geste des kleinen Fingers. Wenn ich ein Hund bin, so ist Ben ein viel schlimmeres Tier: Ein Jude, der seinen Bart abgeschnitten hat, ist nicht sehr weit vom Schwein entfernt. Als die Höflichkeiten ausgetauscht waren, sagte ich zu Ben: »Er wirft Ihnen einen bösen Blick zu, mein Guter!«

Der Zaddik gibt keine Antwort auf seine Fragen.

Ben ist verärgert. Er sagt zu mir, daß man sich einen vergleichbaren Buddha nicht vorstellen könne! Und daß er mit ihm auf hebräisch sprechen werde, um ihm zu zeigen, daß er ebensoviel wisse wie er.

– Da er in Palästina gewesen ist, wird er uns seine Gedanken zum Zionismus mitteilen können.

Ben stellt die Frage.

Der Klang des Hebräischen schmeichelt dem Ohr des Heiligen. Er antwortet. Ben verzieht das Gesicht.

– Was sagt er?

Er meint, das Hebräische sei die Sprache des Gebets und nicht die eines Besuches! Ich werde ihn jetzt fragen, in welcher Sprache er mit dem Propheten Elias redet!

– Sagen Sie ihm lieber, daß ich entsetzliches Leid unter seinen Juden angetroffen habe und daß ich gerne seine Meinung darüber wüßte.

– Er gibt zur Antwort, daß man allein auf Gott vertrauen solle.

– Und auf das Geld?

– Nur auf das jüdische Geld.

– Und auf Palästina?

Ben macht es Freude, auf dieser Frage zu insistieren. Man sieht, wie sie den Zaddik in Verlegenheit bringt und er den Kopf abwendet.

– Los, Ben!

Rebbe Alter, der es gewohnt ist, sich mit dem Propheten Elias zu unterhalten, gehört nicht zu denen, die sich lange von einem kleinen Juden aus der Marmarosch aus der Fassung bringen lassen. Er dreht sich wieder um, vernichtet mit seinem Adlerblick meinen guten Rotschopf und gibt einen Satz von sich.

– Er sagt, daß die Menschen dem Ewigen keine Lektionen erteilen werden.

Der Rabbi wandte sich mir zu, und mit einer Art Lächeln verbunden sprach er ein paar jiddische Worte mit mir.

– Er sagt, daß er über Ihren Besuch sehr erfreut sei.

Kurzum! Der Heilige hatte uns lange genug gesehen!

Da ich nicht wußte, wo ich eine Kerze herbekam, die ich beim Fortgehen hätte anzünden können, suchte ich nach dem Opferstock, um dort zumindest eine kleine Spende hineinzuwerfen. Ich entdeckte keinen. Also verabschiedete ich mich.

– Reichen Sie ihm doch wenigstens einen Finger, sagte ich zu Ben, der wie ein schlechter Schüler davonschlich.

– Er könnte durchaus zum Himmel aufsteigen, meine Hand wird ihn dann nicht zurückhalten!

Wir verließen das Haus der Wunder, ein Blick aus Stahl traf uns in den Rücken.

XIX

Auf Wiedersehen Ben!

Man wird sich trennen müssen, mein lieber Ben. Voraussichtlich werden wir nicht weinen, dennoch sind wir seit dem Abend in Mukatschewo, wo Sie mir beweisen wollten, daß in den Karpaten Papageien nisten, große

Freunde geworden. Haben wir zusammen nicht reich-
lich Kälte erlebt! Unser ewig wandernder Jude aus der
Marmarosch, wo mag er wohl zur Stunde sein? Ist er irgendwo angekommen? In welchem Land? Hat er seine
Kerzen verkauft? Und die Abreise aus Oradea Mare um
fünf Uhr morgens mit ihrem Buckel auf dem Rücken?
Wir haben die *Mesusa* nicht zurückgebracht, das ist eine
blöde Sache. Eure Verwandten in der *Galanterie,* zittern
sie noch immer vor möglichen Pogromen? Vielleicht
treffe ich den Pionier aus Kischinjow in Jerusalem wieder? Wissen Sie, daß der Uhrmacher aus Cernauti in
seinem antizionistischen Zorn meine Uhr endgültig hat
links liegen lassen? Dann diese armen Juden in Lemberg! Und die in Krakau? Welch ein Jammer, daß sie
dagegen waren, sich fotografieren zu lassen. Ich habe
die schönsten verpaßt. Und Nalewki? Wäre der Wunderrabbi Ihnen gegenüber ein wenig toleranter gewesen, wäre insgesamt alles gut gelaufen. Und nun werden
Sie wieder in Ihr südkarpatisches Rußland zurückfahren ...

Wir gingen durch Warschau spazieren, Ben und ich.

– Wenn Sie in Palästina sind, sagte er zu mir, dann
betrachten Sie alles mit Ihren Augen und schreiben Sie
es mir bitte von da unten, falls der Versuch den Auf-
wand wert ist.

– Sie sind ein Mensch, der an wenig glaubt!

– Ich bin ein Jude, der seinen Weg sucht.

– Sie haben ihn in der Tschechoslowakei gefunden.

– Wenn ein Bergsteiger bei Ihnen in den Alpen unterwegs in einer Hütte übernachtet, glaubt er dann, bereits
den Mont Blanc erreicht zu haben? Für uns Juden aus
diesem Teil Europas liegt der Mont Blanc noch in den
Wolken. Ich übernachte zwischenzeitlich in der Marmarosch. Andere sind in Rußland geblieben, in Polen

oder Rumänien. Aber unser momentaner seßhafter Zustand sollte Sie nicht täuschen. Keiner von uns fühlt sich irgendwo angekommen. Wir alle sind unterwegs zu einem unerreichbaren Berggipfel.

– Sie, vielleicht?

– Alle! Die Zeit hat keine einzige Seele von uns beschwichtigt.

– Ich erinnere mich jedoch, daß in Whitechapel ein paar Familien Rußland vermißten. »Ach, wenn wir doch nur in Rußland hätten bleiben können!« sagten sie.

– Das ist ein Bekenntnis und kein Vermissen. Vermissen bedeutet im übrigen nicht Festhalten. Man vermißt oft eine Situation, die alles andere als zufriedenstellend war. Die Juden Rußlands? Sie wissen, daß sie von einem Waffenstillstand profitieren. Der Bolschewismus brachte ihnen Frieden. Alles was nachfolgt, wird ihnen wieder den Krieg bringen. Sie werden die Kosten dieses Debakels tragen. Die Pogrome eines Petliura werden vorbei sein. Alle wissen das, und dies wird schrecklich sein. In Polen? Die Lage ist schlimmer als je zuvor. Offene Feindseligkeit in Rumänien. Neutralität, aber Selbstaufgabe in der Tschechoslowakei. Das sind die allgemeinen Verhältnisse. Wer würde da nicht gerne fortgehen?

– Das jüdische Volk, mein lieber Ben ...

– Das jüdische Volk ist wie die anderen auch. Es hat seine Zufriedenen und seine Unglücklichen. Und die Zufriedenen kümmern sich nicht um die Unglücklichen. Was es unterscheidet, ist allein, daß es auseinandergerissen worden ist. Jede Nation hat sein Erscheinungsbild. Sie brauchen sich nur die Münzen anzuschauen. Sie sind zumeist mit einem Hahn, einem Frauenkopf, einem Rutenbündel, einem Adler, einem König geschlagen worden. Das Erscheinungsbild des jüdischen Volkes müßte kubistisch sein: die Arme von einer Seite, der Kopf von der anderen, die Beine in einer Ecke, und der Rumpf fehlt! Die Juden Amerikas und Westeuropas stellen den Kopf dar. Die sieben Millionen in Rußland, Polen, Rumänien sind der Rumpf. Jene, die sich wie ich sonstwohin in Bewegung gesetzt haben, sind die Beine.

– Und die Arme?

– Das sind all die Unglücklichen, die sie Ihnen entgegen gestreckt haben. Der Kopf hat den Körper gewechselt. Das ist der größte chirurgische Erfolg, den ich kenne. Von zwei Flügeln getragen, hat uns eines Tages der Kopf verlassen, und nachdem er sich unterwegs vervielfacht hatte, ließ er sich anschließend auf den Schultern Englands, Frankreichs, Deutschlands, Amerikas nieder. Seither werden sie von fremdem Blut ernährt und haben uns vollständig vergessen. Den Rumpf mögen noch so viele Krämpfe quälen, sie hören nicht einmal sein gewaltiges Aufstöhnen. Wir sind wohl oder übel viergeteilt:

1. Die Juden bei Ihnen: die Assimilierten.
2. Die Juden von hier: die Eingesperrten.
3. Die Juden in Palästina: die Aufgeklärten.
4. Die Juden wie ich.

– Die alpinen Bergsteiger?

– Ein alpiner Bergsteiger, der bislang nur die Karpaten erklettert hat! Sie erinnern sich noch an die berühmte Schule in der Ulica St. Jerka, an die Studenten mit den Schläfenlocken und den runden Hüten? Ich war auch einer dieser Studenten. Sie können mich anschauen; meine Stirn wird mich nicht belügen. Ich habe in Nalewki das Brot meines frühen Wissens erbettelt. Des

Nachts bewachte ich den Laden eines Nippeshändlers in einer Sackgasse der Gänsestraße. Vierzehn Stunden am Tag habe ich den Talmud aus der vollen Flasche getrunken, und vor zehn Jahren hätten Sie mich, genauso trunken wie die anderen auch, auf einer Bank der *Mesybtha* auf und nieder schaukeln sehen können. Ich war fortgegangen, um ein eingesperrter Jude zu sein, eingesperrt von seiner Religion und von Polen, aber man hat für mich keine Frau gefunden, und ich bin erst vor dem Rabbinat aufgewacht. Ich vergesse nie meine Ankunft in der Gemeinde von Podosk: ein Dorf in tiefem Morast, zwei ausgemergelte Hunde suchten zitternd nach Nahrung. Eine polnische Bäuerin putzte von innen die Fensterscheiben. Ein Jude schob einen Karren voller Schaffelle. Und ich erblickte strohgedeckte Holzhäuser. Dahin hatten mich also sechs Jahre verrückten Studierens geführt. Mein Körper erschauderte darüber unter meinem Kaftan. Rabbi? Führer Israels? Und wo? Hier? Für dreißig, vierzig Jahre bis zu meinem Tod? Ich fühlte mich so als *Nebbich,* als so armseliger Mensch, daß ich auf dem Weg zu meiner Schäferei immer wieder zu mir sagte: Nein! Nein! Nein!

Die erste Nacht in meiner *Chädär* hat über mich entschieden. Im Traum sah ich die Welt. Wenn ich schon kein Vaterland hatte, konnte ich mir da nicht eines aussuchen? Die großen Marksteine unserer Hoffnungen tanzten vor meinen Augen: London, Paris, New York, Berlin! Den Kaftan ausziehen, die Schläfenlocken abschneiden, sollte ich mich ebenfalls assimilieren? Mein Gedächtnis war in dieser *Mesybtha* so hervorragend trainiert worden, daß ich alles an einem Tag lernen könnte, Französisch, Englisch, Spanisch sowie die Eigenheiten dieser Völker, und wie ich ein Jackett anzuziehen hatte. Ich war aufgewühlt, und der religiöse Geist zog sich aus mir zurück.

Ich blieb eine Woche lang in Podosk. Und ohne jemand in Kenntnis zu setzen, vom Unbekannten angezogen, nahm ich den Zug nach Warschau zurück. Ich erzähle es Ihnen: Ich begab mich zum Markt am Ende von Zoliborska, dorthin, wo man Kleidungsstücke aus dem Desinfizierungsofen zieht, um sie dann selber anzuziehen. Ich erwarb mein erstes Jackett; es war grün; meinen ersten Hut; er war grau. Da meine Hose ein wenig gelb war, stellte ich nicht unbedingt den eleganten Europäer dar. Die Schläfenlocken sich abschneiden zu lassen, ist eine Art Sakrileg. Gleichwohl! Ein Spiegel in Nalewki zeigte mir, daß ich einen jüdischen Kopf nicht über dem Anzug eines Polen spazieren führen konnte. Die beiden langen Haarsträhnen an meinen Schläfen standen in Gegensatz zu Hut und Anzug, meiner ersten Anpassung! Ein Händler aus der Pauskastraße schnitt sie mir. Und wie Pauska so etwas wie Gentlemen bedeutet, versäumte er nicht, mich spüren zu lassen, daß ich keine bessere Straße hätte wählen können, um endgültig in die Welt zu treten.

Ich stand nun dem Leben gegenüber.

Hat mein Gewissen dagegen protestiert, daß mein Äußeres nicht mehr mit dem hebräischen Gesetz übereinstimmte? Achtete ich genau auf meine Ohren, dann glaubte ich, mich sagen zu hören: »Mein Junge«, sagte ich zu mir, »höre einfach nicht hin; bis heute hast du den Luxus gehabt, für ein Land leben zu lernen, das nicht existiert. Du kannst dich zwar in bezug auf Mose richtig verhalten, aber welchen Bezug hat die heutige Welt zu Mose?«

Und ich wurde Hauslehrer bei ungarischen Juden. Ich begleitete sie während der Ferien nach Italien. Mit

dem ersparten Geld hielt ich mich sechs Monate in Gre-
noble auf, wo ich französisch lernte. Spanische Sommer-
frischler in Uriage nahmen mich mit nach Barcelona.
Ich kam nach Wien. Von Wien nach Prag. Sie haben
mich in der Marmarosch getroffen. Ich habe überall
herumgeschnuppert, aber ich habe trotzdem nicht meinen Platz gefunden. Mein Bruder in New York gibt mir
kein Zeichen. Ich habe eine Überfahrt nach Brasilien
verpaßt. Ich bin dreißig Jahre alt, und noch immer
schlafe ich unter den Brücken verschiedener Nationen!

– Man wird sicher ein Bett für Sie finden, Ben.

– Glücklich seid ihr Juden, die ihr euch heimisch
fühlt! Wir alle hier fühlen uns nicht heimisch. Deshalb
müssen wir auf unsere Bewegungen achten, uns stets
verhalten wie auf Besuch, müssen höflicher sein als
sonst irgendwer. Man sagt, wir seien unterwürfig. Wir
sind ganz einfach nur Gäste, wo immer wir auch sein
mögen. Wenn man bei sich zu Hause, in seinem Domizil
ist, macht man, was einem gefällt. Man kann dann in
Hemdsärmeln zu Mittag essen. Ein geladener Gast,
selbst wenn er nur ein Schwein von einem Gast ist, muß
korrekter sein. Wissen Sie, daß die Juden meiner Art die
unglücklichsten sind? Die Frommen warten auf den
Messias. Die Assimilierten werden Lords in England
oder Abgeordnete in Frankreich. Die Zionisten laufen
lebend ihrem Traum entgegen, aber wir, die Deserteure
der Ghettos? Wir sind die wirklichen ewig wandernden
Juden.

Darum bringt mich nichts mehr in Wut als diese
Landsleute, die sich im Luxus ergehen. Glauben sie
wirklich, sie können bis ans Ende aller Zeiten in den
Ländern bleiben, wo sie rein zufällig leben? Ein Volk
wie das unsrige muß seinen Wanderstab in Reichweite
haben, denn die Gesetze der Länder, die sie aufgenom-

men haben, können manchmal so schlecht für sie werden, daß man sein Leben woanders suchen muß. Ein solches Volk darf nicht sein Geld verschleudern, sondern muß es für die Flucht aufbewahren. Geld ist der Paß des Juden.

Ich sah meinen Begleiter an, meinen so feinsinnigen Rotschopf, der seit zwei Monaten mit seiner Intelligenz mir etwas vorspielte wie ein Musiker auf seiner Violine.

– Kurzum, was wünschen Sie sich, Ben?

– Daß der Zionismus eine Zukunft haben möge, vergessen Sie nicht, mir aus Jerusalem zu schreiben. Ich werde dorthin fahren. Und als Jude werde ich das Leben eines Juden führen. Wenn nicht, dann denken Sie bitte bei Ihrer Rückkehr nach Paris an mich. Ich spreche dreizehn Sprachen. In einer Schiffahrtslinie, meinen Sie, daß ich dort einer zuviel wäre? Ich würde auch gerne Engländer werden, aber da Sie Franzose sind und Sie mir Ihre Hilfe angeboten haben ...

Wir liefen durch Marszalskowska in Richtung *Bacchus,* dem berühmten Restaurant in Warschau. Ben kaufte eine jiddische Zeitung und überflog sie.

– In welchem Jahr leben wir Ihrer Meinung nach, fragte er mich.

– Im Jahr 1929.

– Wir sind im Jahr 5690.

Und er zeigte auf die Zahl in der Kopfzeile.

– Für die Leser dieser Zeitung beginnt die Welt mit Adam. Das ist richtig, aber achten Sie bitte genau darauf. Es könnte der erhellende Blitz in soviel Dunkelheit sein. In der Marmarosch, in Bessarabien, in der Bukowina, in Galizien, in Nalewki, gestern in Gura Kalvarya waren wir im Jahr 5690. Und wenn Sie in vierzehn Tagen nach Palästina fahren, dann werden Sie im Jahr

X des Zionismus sein. Verlieren Sie diese beiden Eck-
punkte nicht aus dem Blick.

Einen Fuß auf Adam, den anderen auf Lord Balfour,
was für ein Spagat! Urplötzlich hatte ich das Bedürfnis,
mein Gleichgewicht wiederfinden zu müssen. Zum
Glück standen wir schon bald vor der Eingangstür zum
Bacchus. Die beiden Männer, die ihre Jahreszahl verloren hatten, stießen sie auf. Vielleicht würden sie dort
das Jahr 1929 auf dem Grund einer Weinflasche wiederfinden – oder wenn nötig, auf dem Grund eines Fasses!

XX

Das Verheißene Land

Endlich Sonne! Ich habe in Warschau das Jahr 5690
verlassen. Ich trete nun in das Jahr X.

Vierzehn Tage liegen hinter uns. Ich habe eine kleine
Reise hinter mir. Das Mittelmeer ist überquert. Die
Sphinx, nicht die aus Ägypten, sondern die der Messageries Maritimes wiegt sich vor Jaffa auf den Wellen. Ich
bin auf dieser *Sphinx*. Und vor uns: Palästina.

»Denn dein wüstes, zerstörtes Land wird dir ab dann
zu eng werden, um darin zu wohnen.«

So sprach der Herr zu Jesaja im Jahr 25 der Herrschaft Usijas, im Jahr 3219 der Welt.

»Die britische Regierung wird es für vorteilhaft er-
achten, in Palästina eine Nationale Heimstatt für das jüdische Volk zu errichten, und wird alle Anstrengungen
zu ihrer Verwirklichung unternehmen.«

So sprach Lord Balfour im Jahr 9 der Herrschaft
George V., im Jahr 1919 nach Jesus Christus.

»Die Regierung Ihrer Majestät geht davon aus, daß die Verwirklichung des Wunsches des Doktor Weismann, wonach Palästina ebenso jüdisch wird wie England englisch ist, nicht durchführbar ist und daß sie Entsprechendes nicht zum Ziel hat. Sie hat zu keinem einzigen Zeitpunkt, wie es die arabische Delegation zu befürchten scheint, das Verschwinden oder die Unterordnung des arabischen Volkes, seiner Sprache und seiner Kultur in Palästina beabsichtigt.«

So sprach Churchill im Jahr 12 der Herrschaft George V., im Jahr 1922 nach Jesus Christus.

»Herzl! Herzl! Hier hat sich dein Traum verwirklicht!«

So sprach Isaac Cahen, Passagier der *Sphinx* im Anblick des Heiligen Landes im Jahr 4 der Regierung Doumergue, im Jahr 1929 nach Jesus Christus.

Danach sagte niemand mehr etwas.

*

Die arabischen Bootsleute ließen meinen Koffer ins Meer fallen. Nicht so schnell! Drängeln Sie nicht so! Ach, die Piraten! Dort liegen die beiden Zwillingsstädte dieser Küste: die alte: Jaffa, die muselmanische; die neue: Tel Aviv, die jüdische. Jaffa und seine Minaretts, Tel Aviv und die Kuppel seiner Synagoge. Die neue hat die Oberhand über die alte gewonnen. Die Juden haben hart gearbeitet! Vor zehn Jahren gab es dort lediglich eine Sanddüne! Wie groß dieses Tel Aviv bereits ist! Die Stadt ist gewachsen wie Casablanca. Was für ein Datum in der Geschichte! Ein Volk wartet auf diese Stadt seit neunzehn Jahrhunderten! Die Juden haben jetzt wieder eine Hauptstadt. Dort liegt sie, ich sehe sie, Israel ist wieder zu neuem Leben erwacht!

Vierunddreißig Juden und siebzehn Jüdinnen aus

Polen tauchen gerade aus dem tiefen Inneren der *Sphinx* auf. Sie sind an Deck wie eine belebte Illustration der Worte des Herrn: »Eure Söhne und eure Töchter werden von allen Seiten herbeiströmen.« Acht Tage lang hielten sie im Laderaum ihre kleinen Mahlzeiten und ihre großen Gebete ab. An diesem Morgen sind sie wie von Sinnen. Sie schreien vor Freude, sie reißen die Arme hoch. Sie, die bis zum heutigen Tag unterwürfig einen Bogen auf der Straße gemacht haben, damit ihr Schatten Sie nicht belästigt, treten Ihnen jetzt auf die Füße. Mehr noch, sie fassen sich ans Herz. Sie befühlen Stirn und Schultern. Ja, ihr seid es wirklich! Habt keine Zweifel! Nächstes Jahr in Jerusalem, das ist heute!

In die Boote! In die Boote! Die Polen überstürzen sich. Sie klettern das Fallreep herunter, als erstiegen sie die Stufen der Glückseligkeit! Und die Ruder bringen uns wie querliegende Palmenstämme fröhlich dem Verheißenen Land entgegen.

Die Tür, die es uns eröffnet, ist nicht sehr breit. Jaffa hat keinen Hafen. Diese schmale Meerenge zwischen zwei Felsen, an denen das unruhige Wasser hochschäumt, das ist die Durchfahrt. Ich verstehe jetzt, warum Juden so lange auf die Rückkehr in das Land warten: der Eingang ist nicht sehr einladend. Die Polen gestikulieren nicht mehr. Sie sitzen dicht gedrängt im hinteren Teil des ersten kleinen Bootes. Mit einem Schlag hat ihr Rücken die ererbte Krümmung wiedergefunden. Ein Mann mit Fez springt auf die Sandbank; die Ruderer stoßen Schreie aus, um die Angst zu bannen. Hopp! Hopp! Werden wir durchkommen? Aber sicher, man kommt immer durch! Als die Gefahr vorüber ist, richten sich die Juden wieder auf. Sie erheben sich im Boot und fangen an zu singen. Sie möchten am liebsten, daß der Erdboden sich ihnen nähert, wie sie sich ihm nähern, um ihn so schnell wie möglich zu küssen. Am Ufer beobachten uns Muselmanen. Sie machen nicht den Eindruck, als wollten sie uns die Hand reichen! Solltet ihr den Pogromen Europas entfliehen, um anschließend jenen des Orients anheimzufallen? *Schalom!* das heißt *Frieden für alle!*, und überall dort, wo ihr euren Gruß entsendet, habt ihr Krieg als Antwort.

Wir gehen an Land. Das also ist der geheiligte Boden. Die Juden knien nieder und küssen ihn. Aber verlieren wir keine Zeit:

– *Arabadji!* Auf nach Tel Aviv!

Und der arabische Droschkenkutscher fährt mit mir los. Staub umwirbelt den Wagen und scheint ihn fortzutragen wie die Wolken den des Herrn. Hat der Orient denn nicht die Gewohnheit verloren, Talg in der Pfanne auszubraten? Durchfahren wir also den Geruch! Durchgerüttelt verlasse ich Jaffa. Die Straße wird breiter, und die bloße Erde wird durch Asphalt ersetzt, der Staub legt sich. Ich bin schon auf der Hauptstraße von Tel Aviv.

Aus Whitechapel, Prag, der Marmarosch, Transsylvanien, Kischinjow, Cernauti, Lemberg, Krakau, Wilna, Lodz und Warschau haben die Familiennamen die Ladenschilder verlassen und sind mir vorausgefahren. Goldmann, Apfelbaum, Lipowitz, Blum, Diamond, Rapaport, Levy, Mendel, Elster, Goldberg, Abram, Berliner, Landau, Isaac, Tobie, Rosen, Davidowitsch, Smith, Brown, Loewenstein, Salomon, Jacob, Israel seid abermals gegrüßt! Ich habe das Meer überquert, aber ich habe die Familie wiedergefunden!

Herzl, der Prophet der Boulevards, wie ihn Jérôme und Jean Tharaud ohne Ehrerbietung nennen, hatte in einem seiner Träume die erste jüdische Stadt gesehen, wie sie sanft von den Ufern des Mittelmeers aufsteigt und den Blick trifft wie ein Hügel im Frühling. *Tel Aviv,* der Frühlingshügel, dort liegt er!

Jesaja hatte seinerseits der Stadt vorhergesagt:

»Deine Grundfesten werden aus Malachit sein, deine Mauern aus Saphir, deine Zinnen aus Rubin und deine Tore aus Karfunkeln und dein Festungswall aus erlesenen Steinen.«

Man merkt, daß Jesaja ein Mann des Geistes war, aber die Herren vom Bauwesen nicht befragte! Man kann gute Prophezeiungen aussprechen und trotzdem nicht in der Lage sein, einen Kostenvoranschlag zu machen.

Herzl nähert sich sehr viel schneller der Realität.

Der Saphir ist leider nur Stahlbeton!

*

Tel Aviv! Die einzige Stadt der Welt, in der von hundert Einwohnern hundert Juden sind.

Ich habe den Arabadji stehen lassen. Man muß zu Fuß gehen, um sich an seinem Staunen zu erfreuen. Eine Revolution war unter meinen Augen abgelaufen. Wo waren meine Kaftane, meine Bärte, meine Schläfenlocken? Da sind meine Juden: barhäuptig, rasiert, mit offenem Kragen, die Brust vorgestreckt und festen Schrittes. Mein Wort, sie gehen nicht mehr dicht an den Hauswänden entlang! Sie schreiten militärisch aus mitten auf dem Gehsteig, kümmern sich nicht mehr darum, einem Polen, Russen oder Rumänen Platz zu machen. Ein Wunder, die Rückenwirbel haben sich wieder aufgerichtet! Alle Rücken haben die unsichtbare schwere Bürde der eigenen Rasse abgeworfen. Ich bewirke bei ihnen keine Reaktion. Kein Auge mustert mich aus dem Hintergrund. Nun bin ich an der Reihe, fragend stehenzubleiben. Sie gehen, ihr Blick ist stolz und kühl. Ab und zu taucht ein ungewöhnliches Wesen auf: Kaftan, Bart,

Locken! Die anderen, die ihm begegnen, zucken diskret mit den Achseln. Was ist das für ein Geist?

Und die Jüdinnen? Sie haben ihre Perücke in den Abfalleimer geworfen, sich die Haare schneiden lassen und strecken ihren Busen heraus.

Es ist eine Metamorphose.

Avenue Herzl! Boulevard Edmond-Rothschild! Max-Nordau-Straße! Die Synagoge, das zentrale Monument: Daß man es vollendet hat, sagt wohl alles. Es ist die Fahne, die über dem Feld weht. Die einzige Fahne, konkurrenzlos. Kein Kreuz in ihrem Schatten, kein Minarett in ihrer Nähe. So wie einst in Jerusalem der Tempel zuerst da war, vor der Grabeskirche und dem Felsendom.

Zuerst glaubt man, daß das so junge Tel Aviv nichts weiter als ein Zellkern von Häusern, eine kleine Stadt sei, die man rasch überblicken könnte. Nach und nach ist man jedoch überrascht. Hätte man erwarten können, daß am Ende der Welt ein Boulevard entstanden ist. Aneinandergereihte Hecken vor den Häusern. Und es gibt Bäume!

Der Frühlingshügel ist abgesteckt, aber ohne Monotonie. Nichts von amerikanischen Schachbrettmustern. Die Straßen, die Plätze, die Avenuen und Boulevards kreuzen sich phantasievoll. Es ist hell, breit, sonnig, ganz weiß. Es ist fröhlich. Man spürt den entschlossenen Willen, das Ghetto hinter sich zu lassen. Es überrascht lediglich, daß nicht all diese Juden wie angewurzelt auf dem Gehsteig stehen und mit offenem Mund verliebt die Freiheit trinken.

Wie viele Zahnärzte! Pro Etage einer. An den Türen beinahe ebenso viele Zahnzangen wie Klingeln. Da sieht man, was es kostet, armes Volk, wenn man bald zweitausend Jahre am Hungertuch nagen mußte!

Und die Friseure? Wer in Tel Aviv noch ein Barthaar am Kinn hat, gilt als eigensinniger Ziegenbock. Alle drei bis vier Häuser spricht ein Friseur Sie an. Es ist ein Aufstand gegen die Bibel. »Schneidet euch nicht den Bart«, hat der Herr gesagt. Ein Hoch dem Herrn! Tretet ein, ihr Juden aus Wolhynien, Litauen, Bessarabien, Bürger von Berditschew! Ich rasiere, meine Frau rasiert, meine Kinder rasieren, meine Schwiegermutter rasiert. Der Tag wäre viel zu kurz, um alles zu rasieren, wir rasieren auch des Nachts. Selbst um drei Uhr morgens, zögern Sie nicht, ziehen Sie an der Alarmglocke! Seit Mose wurden Sie nicht mehr rasiert. Wie werden Sie die verlorene Zeit zurückgewinnen?

Und die Advokaten? Mein Gott! Kaum im Verheißenen Land vereinigt, streitet ihr Juden euch an jeder Straßenecke? Denn all diese Advokaten haben zu essen, und sie haben zu essen, weil ihr euch gegenseitig ärgert. Ihr seid vierzigtausend Einwohner in Tel Aviv, vierzigtausend Juden ohne einen Goi, und ihr braucht so viele Advokaten?

Und ihr, die Ärzte? Ganz Tel Aviv gibt sich frisch und munter. Die aus den Ghettos Geflohenen haben ihre Amphitheatermiene in den Karpaten zurückgelassen. Es gibt nicht einen Kranken in den Straßen, und in den Häusern wird gesungen. Was tut ihr an so einem Ort? Wartet ihr auf den nächsten Pogrom, damit ihr Arbeit bekommt?

Der Mann, der soeben die Söhne Abrahams in den Karpaten oder an der Weichsel verlassen hat und der vierzehn Tage später an den Ufern des östlichen Mittelmeers sie in Söhne Theodor Herzls verwandelt wiedergefunden hat, soll seine Verblüffung genießen! Es geht in dem Augenblick nicht darum, den Volkswirt zu spielen, eine Wirtschaftsbilanz aufzustellen, und auch nicht darum, sich an die Stirn mit den Fingern eines Buchhalters zu tippen. Um über den Statistiken zu erbleichen, muß man ignorieren, daß sie selbst schnell blaß werden. Eigentlich lautet die Frage, wie machen die Zahnärzte, die Friseure, die Advokaten, die Ärzte, die Kaufleute und die Stiefelputzer ihre Geschäfte? Eines Tages hat ein Jude einen Traum. Er hat gesehen, wie seine armseligen Landsleute ihre Ketten abwarfen, aufgebrochen sind, das Meer überquert und sich in verwandelter Gestalt auf den Boden ihrer Vorfahren gestellt haben. Sklaven, die sie waren, wurden frei. Stolz ersetzte in ihrer Seele die Scham, Selbstvertrauen die Furcht. Und jeder konnte an sein Fenster treten und laut rufen: »Ich bin Jude, das ist meine Ehre!«, ohne Gefahr zu laufen, auf der Stelle an den Schwanz eines ungezähmten Pferdes gebunden zu werden. Öffnet die Augen, der Traum wird sich nicht verflüchtigen, er ist in Tel Aviv fest verankert!

Sie haben das Hebräische zu neuem Leben erweckt.

Dem Talmudgrab entstiegen, läuft die hebräische Sprache am Ufer von Gaza entlang bis nach Akko, vom Berg Tabor bis zum Ölberg, von Jericho bis zum See Genezareth, um dann die Ebene von Jesreel zu überqueren. Auf hebräisch ruft das Kind nach seiner Mutter, beschwindelt der Verliebte seine Liebste, spricht die Leuchtreklame den Passanten an.

Die heiligen Buchstaben, direkt der Krone Gottes entstiegen, blitzen über den Eingangstüren auf.

Die Stadt ist fertiggestellt.

Dort steht die Sporthalle, dort das Luxushotel, dort das Rathaus, dort das Stadttheater, dort das Wasserwerk, dort das Postamt, dort das Sanatorium, dort das Krankenhaus.

Dort ist der Strand und dort das Casino.

Dort die Kneipen, die Kinos, die Tanzpaläste.

Dort die Mietshäuser und die Privathäuser.

1908 gab es kein Haus; 1920 zweihundertvierzig; 1921 tausend; 1926 dreitausendundfünfzig; 1929 fast fünftausend!

»Du wirst erbaut sein«, sagt ihr Wappen.

Am Tag ihres ersten Bausteins hat Arabien geantwortet: »Du wirst zerstört sein.«

XXI

Um den Preis des Blutes

Es ist nicht unehrenhaft, einzugestehen, daß man im Dezember 1919 in Haifa spazierenging. Man war dort, wie man auch woanders hätte sein können, und das immer aus demselben und sehr gutem Grund, daß man schließlich irgendwo leben muß. Es herrschte ziemlich gutes Wetter. Die Regenzeit störte uns kaum. Ich sah in der Ferne auf der anderen Seite der Bucht Akko. Ich dachte an Napoleon, der nicht glücklich war über die Moschee, die in Erinnerung an sein Scheitern erbaut wurde und deren Kuppel ohne Zweifel eine der schönsten Rundungen des orientalischen Azur ist. Ich lebte unbeschwert und ohne große Mühen, bis Araber vom Karmelgebirge herunterkamen, einen Knüppel in der Hand.

Gegen wen zogen sie zu Felde?

Meine Unschuld in allen Dingen war erschüttert, nur ich konnte gemeint sein. Oder die englischen Soldaten? Man sah keine. Die Fahne des Propheten voran, gingen die Araber an mir vorbei. Ich folgte ihnen. Sie blieben am Meeresufer genau in dem Moment stehen, wo sie nur noch weiter durchs Wasser hätten marschieren können.

In der Bucht lag ein Schiff.

Darauf hatten es die Araber abgesehen. Sie schwangen ihre Knüppel über den Köpfen und drohten ihm. Auf dem Schiff wurde voller Inbrunst gesungen. Das waren die ersten Zionisten, die ankamen.

*

Hatten die Araber nie zuvor Juden gesehen? Sie hatten welche gesehen! Die unseligen Zeiten im zaristischen Rußland hatten bereits ein paar tausend Unglückliche in dieses noch so unbekannte Land vertrieben: die Angelegenheit geht auf das Jahr 1882 zurück. Den Pogromen entronnen, mittellos und voller Entsetzen darüber waren Bessarabier und Ukrainer hierher gekommen. Erfüllt von Bibellektüre hatten sie sich *Schoveve*, die Liebhaber Zions genannt und vermählten wie zur Zeit der Bundeslade ihre neuen Hoffnungen mit dem historischen Boden.

Das Land war weniger verheißungsvoll, als es die heilige Thora versprach. Es war weder voller Milch noch Honig noch Wasser, nur ein klein wenig davon. Was den Gesang angeht, den man dort hören sollte, so vernahmen sie nur den von Stechmücken. Kennt ein Verliebter, ein frisch Verliebter irgendwelche Hindernisse? Er steigt über den Balkon ein bis zu dem Tag, wo er unter seinem Gewicht nachgibt. Und so geschah es. Schon nach kurzer Zeit überkamen die mittellosen, niedergeschlagenen, kranken, entkräfteten *Schoveve* Enttäuschung und Malaria, und das in dem Land, das Mose selbst sich so verheißungsvoll vorgestellt hatte.

Sie wären dort allesamt gestorben; ein Engel kam vorbei! Er ließ Geld, Chinin, Milch und Honig regnen. Er sprach mit den Türken in der Sprache der Scheckbücher. Als wäre er von einem Staat für eine neue Kolonie auserkoren, schickte er einen Gouverneur, Verwaltungskräfte, ein Sanitätscorps. Er errichtete Schulen, Krankenhäuser. Er zahlte die Schulden. Er gab Vorschüsse. Er sagte zu Israel: »Erhebe dich und gehe voran.« Israel erhob sich und ging voran. Dieser Engel war der Baron.

In Palästina gibt es Propheten, Richter, Könige, aber nur einen Baron.

So wie es in Italien nur einen Duce gibt.

Der Baron von Palästina ist Edmond de Rothschild. Er ist der einzige auf der Welt, der persönlich eine Kolonie besitzt.

Das hat eine ganz andere Klasse, als etwa einen Rennstall zu besitzen!

Sei er gegrüßt, doch kehren wir zum eigentlichen Gegenstand zurück.

Die Liebhaber Zions, die Kinder des Barons, sie erhitzten alle nicht die arabischen Gemüter.

Gewiß hätten sie großen Spaß daran gehabt, wenn sie den Juden die Bärte hätten langziehen können. Aber diese Zerstreuung setzte sich nicht durch. Die Araber ertrugen wohl die frommen Juden aus Jerusalem, sie würden keine große Staatsaffäre wegen der paar Unglücklichen aus Bessarabien machen, die im vergoldeten Arm von Monsieur de Rothschild gewiegt wurden.

Allah steht über dieser Angelegenheit.

Dann kam der Krieg. Die Türkei, der Verwalter Palästinas, stand in dem einen Lager, das andere hätschelte mit der Stimme des Intelligence Service im Auftrag Ihrer Majestät die Araber. Fiele der Sieg an die Engländer, würden sie ein arabisches Königreich gründen, ein großes und schönes Königreich wie in der Überlieferung.

Der Sieg gelang. England blähte die Backen auf und blies. Das arabische Königreich verflog. Israel nahm seinen Platz ein.

Das Studium der Texte ist hier ohne Bedeutung. Daß man die Ansiedlung von Juden in Palästina *Nationale Heimstätte* und nicht *Jüdischer Staat* nannte, ändert nichts an der Tatsache. Und die ist wie folgt: Dieses Mal kamen die Juden nicht als Bettler an Land, sondern als Staatsbürger. Sie baten nicht mehr um Gastfreundschaft, sie nahmen Boden in Besitz. Sie würden hier nicht nur geduldet, sondern gleichwertig sein. Und Abraham strahlte, während Mohammed sein Antlitz verhüllte.

Eine Geschichte macht diese Metamorphose begreiflich. Es ist der Tag der Ankunft von General Allenby in Jerusalem. Ein Jude wird an die Tür eines Arabers klopfen. Der Jude und der Araber sind alte Freunde. Sie müssen sich sogar sehr mögen, um sich über den Tempel und die Moschee hinaus zu mögen. Der Araber öffnet dem Juden.

– Ich verfluche deinen Vater, sagte der Jude zu ihm, ich verfluche ihn fünfmal.

Ein unverzeihlicher Fluch in diesem Land. Der Araber ist wie versteinert. Er fragt:

– Warum? Was habe ich getan?

– Oh, mein Freund, antwortet der Jude, du wirst es gleich verstehen. Bis heute morgen war ich dein Sklave. Hätte ich solch eine Schmähung ausgestoßen, dann hättest du die Polizei benachrichtigt, die Polizei hätte mich ins Gefängnis geworfen und wie einen Hund verprügelt. Gestern noch war ich ein Hund. Heute bin ich ein

Mensch. Ich kann zu dir ohne jedes Risiko das sagen, was du mir bislang ohne das geringste Risiko sagen konntest. Neunzehn Jahrhunderte Unterdrückung habe ich in diesem Aufschrei von mir gegeben. Ich konnte es nicht zurückhalten. Vergiß es, verzeih mir und laß dich umarmen ...

Und der kräftige Wein der Unabhängigkeit stieg in die Köpfe der Jungjuden. Ein heroischer Abschnitt begann. »Die von Ehre, Freiheit und Glück erleuchtete Zukunft«, wie es Theodor Herzl vorausgesagt hatte, eröffnete sich.

Man sah etwas Großartiges: das Ideal folgte der Absicht. Die Juden, die Jungjuden Palästinas machen inmitten der Völker der Humanität Ehre.

Sie landen mit Inbrunst in der Seele. Zehntausend, zwanzigtausend, fünfzig-, hunderttausend. Sie waren der letzte Beweis großer Ideen quer durch die Geschichte. Der Glaube riß sie mit, nicht in den Bereich des Göttlichen, sondern in den des Irdischen. Sie kamen, um das Recht zu erobern, das zu sein, was sie waren. Es war ein großartiges Schauspiel. Ärzte, Professoren, Advokaten, Maler, Dichter, die sich in dem wüsten Land gegenseitig angreifen, nahmen gleichwohl Hacke und Schaufel zur Hand. Auch wenn man anerkennen muß, daß Araber es seit Jahrhunderten und nochmals Jahrhunderten bewohnten, muß offen gesagt werden, daß sie das Werk nicht vollendet hatten. Sie waren dort, als seien sie im Dschungel die schönen Tiere der Freiheit.

Das Ziel im gewöhnlichen Leben geht allgemein dahin, die Arbeit mit den Händen durch die Arbeit mit den Köpfen zu ersetzen. Ein Arbeiter, der seinem Sohn freie Hand läßt, glaubt ihn auf der sozialen Stufenleiter weitergebracht zu haben. Die neuen Juden drehten die

Medaille um. Der Doktor der Rechte wird Straßenarbeiter, der Student Landwirt. Jener Steinbrucharbeiter verkaufte Gemälde in Moskau. Jener Friseur in Tel Aviv hielt brillante Plädoyers in Lemberg. Jene Bäuerin sang in der Staatsoper zu Warschau, und jener Jude, noch vor kurzem Religionslehrer in Wilna, ist jetzt am Fuße von Nazareth Schafhirte! Ein Jude als Schafhirte? Bis zu diesem Tag hatte ich nur von jüdischen Bankiers gewußt!

Es bedarf harter Realisten, um den Idealismus aufrechtzuerhalten! Sie waren solche Realisten, die schufteten, schwitzten ... starben. Diese Weißhäutigen brachen auf zum Kreuzzug gegen Stechmücken, diese Intellektuellen entwässerten Sümpfe, dieser Bibliothekar sprengte Felsen, dieser Stadtstreicher hauste nun in der Wüste Judäa. Wo war die Sanddüne oberhalb der Stadt geblieben? Orangenbäume wuchsen auf der roten Erde. Die Distel floh vor dem Weizen. Die palästinensische Mumie stand langsam wieder auf!

Siedlungen, wie sie die Dörfer nannten, folgten auf Siedlungen. Das Land war davon bedeckt. Die Namen, die sie ihnen gaben, sangen das Lied der Hoffnung: *Tel Or*, Hügel des Lichts; *Daganiah*, Gottesweizen; *Nachlath Jacob*, Erbe Jacobs; *Miohmar Hayarden*, Wache am Jordan; *Tel Chai*, Hügel des Lebens; *Menora*, es werde Licht! Man nannte die kleinen Mädchen nicht mehr Esther, sondern Carmela nach dem Karmelgebirge, Hermona nach dem Berg Hermon, Yardena nach dem Jordan, Sarona nach der Ebene von Saron, Herzlia nach Theodor Herzl.

Diese Verbannten des zwanzigsten Jahrhunderts, die in achtzehn Sprachen redeten : russisch, kleinrussisch, polnisch, rumänisch, tschechisch, bulgarisch, ungarisch, deutsch, holländisch, spanisch, englisch, italienisch, türkisch, jemenitisch, arabisch, persisch, jiddisch als Sprache der Sklaverei und französisch als Sprache der Eleganz, holten das Hebräische aus der fernen Tiefe der Zeitalter ans Tageslicht und druckten es in ihre Schulbücher und auf ihre Ladenschilder. Aber Sie wissen das schon! All diese Mitstreiter waren nicht heldenhaft. Es gab die ängstlichen Herzen, die Hasenfüße, die Männer mit wenig Selbstvertrauen, die von den langen Märschen Fußlahmen. Es gab die Frauen, die sich schon unwohl fühlen, wenn sie fern sind von Kleidergeschäften, vom Fünfuhrtee und von städtischen Laternenpfählen. Es war ein Exodus im umgekehrten Sinn. Das Verheißene Land machte sich nicht mehr bezahlt.

Man bemerkte die Krise in Tel Aviv.

Die Engländer waren entzückt. Sie dürfen nicht einen Moment lang glauben, daß die Engländer, nachdem sie die Juden nach Palästina gebracht hatten, den Juden hatten Freude bereiten wollen. Die Juden waren die Bauern, die ihnen dabei halfen, die Partie zu gewinnen. Und als sie gewonnen war, stellte man die Bauern wieder zurück in die Schachtel. England nutzte die Krisenangst, vor der es nicht davonlief. Es ließ diejenigen wieder zurückfahren, die es hergebracht hatte, und verschloß die Tür vor denen, die hinkommen wollten.

Das ist die Zeit, wo die Nichtidealisten alles verloren glaubten. Man vergaß das Eigentliche dieser Angelegenheit. Man sprach vom Zionismus wie über ein merkwürdiges, bereits gescheitertes Experiment. Die Kinderdörfer, die kommunistischen Siedlungen bildeten die Schlagzeilen der Presse. Genau darum ging es! Der Zionismus ist nie ein Experiment gewesen, sondern eine Idee!

Und diese Idee lautete wie folgt: wenn ein Jude es leid ist, ein Engländer, Franzose, Österreicher zu sein ...

wenn ein Jude frei als Jude leben will, wird ein Jude sich dann an dem Stück Erde festklammern, wo er sich als Jude bekennen kann?

Er würde sich dort festklammern.

Gegen den Wunsch Englands, gegen das Desinteresse gewöhnlicher Juden kommt Geld aus New York, von irgendwo her, und die neuen Juden kaufen Stück für Stück Palästina. Sie errichten Fabriken, sie bauen Mühlen, sie legen Weinberge an, pflanzen Weizen, Gerste, Mais, Tabak, Orangen, Bananen, Zitronen an, und durch kühne Bauwerke verlangen sie dem Jordan das Licht für die Nacht ab.

Und die Krise ging vorüber.

Dafür wuchs die Beunruhigung der Araber.

Drohungen schüchterten die Juden nicht mehr ein, da brachten die Araber einen Juden um. Die Juden brachten zwei Araber um. Zwei Juden? Vier Araber! Und die Engländer, werden Sie sich fragen, wie verhielten sich die Engländer zwischen den beiden? Die Engländer? Sie hatten sich aus dem Staub gemacht. Man sah sie nicht mehr. Es ging für sie um eine gewaltige Portion Stolz. Frankreich hatte eine Armee nötig gehabt, um Syrien zu halten. Mit sechs Pferden würde ihnen Palästina gehören.

Palästina? Siebenhunderttausend Araber auf der einen Seite, hundertfünfzigtausend Juden auf der anderen, die Araber hatten stark zugenommen, die Juden träumten von nichts anderem.

– Wir werden dreihundert-, fünfhunderttausend sein, schrie der Jude Jabotinsky, der Anführer der Extremisten, von der Höhe des Eingangstores von Jaffa.

– Wir werden euch nicht an Land gehen lassen, antwortete der Araber Nashashibi, Ragheb Bei Nashashibi, Bürgermeister von Jerusalem.

– Wir werden regieren, sagte mir Jabotinsky.

– Sie werden nicht regieren, antwortete mir Nashas-hibi. Wir werden ihnen das Land nur zu dem Preis über-lassen, mit dem wir es uns erworben haben.

– Zu welchem Preis, Ragheb Bei?

– Um den Preis des Blutes, mein Freund.

XXII

Die Klagemauer

Ich ging durch Jerusalem innerhalb der Stadtmauern. Es war an einem späten Freitagnachmittag. Mit Hüten aus Kaninchenfell auf dem Kopf und in haarsträuben-der Kleidung aus Seide oder Samt, deren Farben nicht ausreichend genug verblichen sind, um nicht doch er-kennen zu lassen, daß sie einst lila, blaßgrün, kanari-engelb, dunkelrot, taubenblau oder himmelblau gewe-sen waren, wandelten die Juden, die alten Juden von Mose durch die engen, sich windenden Gassen des heili-gen Bezirks. Die einen hielten ein Kind an der Hand, die anderen schritten in Gruppen oder allein würdig dahin, als habe sie eine königliche Fingerkuppe berührt. Alle waren auf dem Weg zur Klagemauer.

Dieses Stück der ehemaligen Tempelmauer ist alles, was vom einstigen Glanz eines Volkes geblieben ist. Fünfzig Schritte lang, dreißig Fuß hoch löst dieser wohl-versteckte historische Mauerrest ein Sturm in der Seele Israels aus. Sobald Juden die Klagemauer erblicken, werfen sie ihr eine Kußhand entgegen. Folgen wir ih-nen. Schon beschleunigen sie ihre Schritte. Sie gelangen zum heiligen Ort und schon berühren sie sie mit den Lippen, streicheln sie mit der Hand. Die ältesten haben Schemel mitgebracht und setzen sich in Ekstase versunken hin. Zur Rechten, über dreiviertel der Länge, befinden sich die Männer. Zur Linken ist das restliche Viertel für die Frauen. Eine langgezogene Klage, die sich aus der Klage eines jeden einzelnen zusammensetzt, krönt disharmonisch in ergreifender Weise die alte Mauer wie ein klingender Heiligenschein.

Schauen wir zu! Jene junge Frau, doch weint sie wirklich? Sind es echte Tränen, die Tropfen um Tropfen auf die Steinplatte fallen? Es sind Tränen. Sie ist hübsch und sie weint! Sie weint unter freiem Himmel, unter fremden Menschen, und nicht über eine zerbrochene Liebe, sondern über den Untergang ihres Volkes.

Die Nase in der Thora beugen sich die Männer auf und nieder. Sie rufen ihre herzzerreißenden Gebete in den Wind Judäas. Man muß sehr unglücklich sein, um vergleichbare Klagen auszustoßen! Wenn sie sich nicht mehr auf und nieder beugen, treten sie mit den Füßen auf der Stelle. Einige, die nur einen Fuß dazu nehmen, sehen aus wie Scherenschleifer. Man hört Küsse, die laut schallend an die Steine gedrückt werden. An anderer Stelle wird die Mauer wie ein Verstorbener sanft geküßt. Und die beiden Juden dort pressen so stark die Augen zusammen, daß ihr Gesicht davon ganz gekräuselt ist. Sie stellen sich auf die Fußspitzen und fangen an zu zittern, ohne dabei das Gleichgewicht zu verlieren. Und jener andere? Mit verrenkten Armen fleht er die Mauer an, als wäre die Mauer ein Mensch, von dem das Wohl seines Sohnes abhinge. Und der dort? Er legt plötzlich seinen Kopf in die rechte Hand und klagt so herzergreifend, daß ich am liebsten zu ihm gehen und ihn fragen möchte: »Was haben Sie, mein Freund?

Kann ich etwas für Sie tun?« Mit drohender Faust deutet diese ausgemergelte Person in tabakbrauner Kleidung auf den Himmel, während sein Nachbar mit zurückgeworfenem Kopf derart das Gesicht verzieht, daß man meinen könnte, er gurgele mit Cayennepfeffer. Andere trommeln mit zitternden, schmalen Fingern auf das Felsgestein. »Israel! Israel!« ruft auf einmal ein alter Mann aus und kneift sich heftig in seine Nasenwurzel, um anscheinend einen Schluckauf vergehen zu lassen. Erschöpft pressen jetzt alle ihre allzu schwere Stirn gegen die vertrauten Steine.

Die Nacht kündigte sich an ...

XXIII

Heda, Europa!

Zurück in Frankreich saß ich gerade über meinem Bericht, als eines schönen Abends ein Freund meine Tür aufriß und mir entgegenrief:

– Man bringt *deine* Juden in Jerusalem um!

Mit einem Satz sprang ich von meinem Tintenfaß auf.

Der Freund reichte mir eine Zeitung. Man brachte sie um! Man brachte sie sogar ein paar Monate früher als vorgesehen um.

Also schickte ich meinen Federhalter spazieren. Ich nahm meinen Hut, den Zug, dann das Schiff.

Ich fuhr wieder ins Verheißene Land.

Wie hätte man England bedingungslos glauben können? Ein Kind, selbst ein sehr kleines, hätte, wenn es gewollt hätte, das Fieber messen können, das das Land Kanaan in letzter Zeit befallen hatte. Wägten wir nicht, Ragheb Bei El-Nashashibi, arabischer Bürgermeister der heiligen Stadt und Oberhaupt der Glaubensbrüder, sowie der englische Gouverneur derselben heiligen Stadt, wägten wir drei nach einem Abendessen auf einem breiten Diwan nicht erst im vergangenen April in Jerusalem am Vorabend des islamischen Festes Nebi Moussa (Prophet Mose, die Araber haben Mose adoptiert) die Aussichten auf Ruhe und vor allem die auf Unruhe ab? Ragheb Bei El-Nashashibi hat nicht die Angewohnheit, seine Gedanken zu verschleiern. Bei der erstbesten Gelegenheit würde er die Juden fortjagen. Ragheb Bei ließe dies nicht dem sehr ehrenwerten Vertreter Seiner britischen Majestät mitteilen. Und hatte Seine Majestät nicht bloß hundertvierzig Soldaten in Palästina?

Doch es ist nicht die Zeit für Überlegungen. Zunächst einmal hin zu den Tatsachen und nach Jaffa.

Steife Brise. Meeresluft. Die Wärme ist wieder zurück. Acht Tage sind vorüber. Wir sind wieder da.

Gehen wir an Land.

Ich bin durch den Zoll. Die Sonne brennt. Ich rufe nach einem *Arabadji*. Der Droschkenkutscher eilt herbei.

– Hotel Palatin in Tel Aviv! sage ich zu ihm.

Der Arabadji verneint mit dem Kopf und wendet sich ab.

Die arabischen Kutscher fahren nicht mehr in die jüdische Stadt. Die jüdischen Kutscher kommen nicht mehr in die arabische Stadt. Was tun? Bleibe ich hier im Staub sitzen, versunken in die Betrachtung des alten Schweinslederkoffers, meinem geduldigen Begleiter?

Ich denke, daß die Agentur der Messageries Maritimes mir aus dem Problem heraushelfen wird. Ich mache mich auf den Weg. Ich könnte sagen, daß es auf den Straßen nach Unruhen riecht; das wäre jedoch literarisch. Sie rochen nur nach Hammelfett. Ich gehe weiter, wische mir bereits die Stirn trocken, als Jaffa innerhalb weniger Sekunden sein Antlitz verändert. Leute laufen, stürzen in ihre Wohnungen oder in die anderer. Eiserne Rolläden senken sich. Fensterläden werden lärmend zugeklappt. Autos starten blitzschnell und fahren davon. Orientalisches Durcheinander in der Stadt. Was ist los?

Ich gelange zum Büro der Messageries.

– Was ist passiert? – Wir wissen es nicht.

Ein Mann tritt ein und sagt:

– Ein Araber hat im Vorbeilaufen geschrien: »Khalas!« – Was heißt Khalas? – Es ist soweit! Es ist zu Ende! – Was? – Man weiß es nicht!

Palästina ist heutzutage eine empfindliche Anode. Man wußte nicht, weshalb etwas soweit war oder weshalb etwas zu Ende war. Die Erklärung dafür kam eine Stunde später.

Was hat dieses Land erlebt seit meiner Abfahrt, daß solche Erregung herrschte? Folgendes:

Seit dem 27. Juli wurde die Luft um die Klagemauer dicker. Die Muselmanen, die die jüdische, palästinensische Regierung schmoren ließen hinsichtlich ihrer Entscheidung, den Status quo aufrechtzuerhalten, haben auf der linken Seite ein Mauerstück, dessen Zustand sie für schlecht befanden, aufgestockt und weiter hinten in der schmalen Straße eine Pforte in die Mauer gebrochen.

Diese Pforte entspricht einem dringenden Bedürfnis: sie ärgert die Juden. Die Araber fangen an. Während der Klagegebete kommen sie vorbei. Araber sind oft mit ihren Eseln unterwegs, die Esel gehen also hinterher,

und da die Esel nicht dumm sind, stoßen sie passender-
weise ihre Klagelaute an der Klagemauer aus. Die jüdische Presse ist erbost. Die Juden halten zu diesem Zeitpunkt in Zürich einen Kongreß ab. Telegramme nach
Zürich. Der Kongreß entsendet zwei seiner Teilnehmer
mit einer Protestnote nach London.

Der 15. August ist ein jüdischer Trauertag. Es ist der
Jahrestag der Zerstörung des Tempels. Am Vorabend
gingen die Juden in einer Prozession zur Mauer. Am 15.
hielten sie im ganzen Land Versammlungen gegen die
Haltung der Araber ab. Doch am 15. geschieht auch etwas Beachtenswertes. Fast vierhundert Jungjuden sind
von Tel Aviv nach Jerusalem aufgebrochen und haben
sich, von Polizei umringt, stolzen Hauptes vor die
Mauer gestellt. Dort trat einer aus ihren Reihen hervor
und hielt eine Rede. Ein anderer entfaltete eine blau-
weiße Fahne, die neue Flagge israelischen Landes.

Das war der am wenigsten politische Akt, das unklüg-
ste Verhalten der Juden seit ihrer Rückkehr nach Palästina. Es verkündete den Arabern, daß sie es von nun an
nicht mehr mit den alten Juden mit Schläfenlocken zu
tun hätten, sondern mit ihnen, den Glattrasierten, den
Breitschultrigen, den Stämmigen mit dem Nacken eines
Danton!

Die Ungeduld und der Stolz dieser jungen Schar ver-
schafften den Feinden die erhoffte Gelegenheit.

Die Feinde ergriffen sie.

*

Je mehr sich die Juden in Palästina behaupten konnten,
um so mehr wurden die feudalen Vorrechte der arabischen Oberhäupter bedroht. Die Zeit war gekommen,
der *jüdischen Invasion* Einhalt zu gebieten. Dazu mußte
man die *Fellah,* die leibeigenen Bauern, aufwiegeln, die

die Juden im alltäglichen Leben nicht über die Maßen störten. Gerüchte hatten schon den Boden vorbereitet. Wie im Mittelalter beschuldigte man die Juden, ekelhafte Krankheiten zu verbreiten. Es wurde verbreitet, daß sie vergiftete Bonbons und Früchte an die muselmanischen Kinder verschenkten. Hörte man nicht auch davon, daß sie verschleierte Frauen tätlich angriffen? Aber die Beweise fehlten. Religiöser Fanatismus würde in der Lage sein, die Masse in Bewegung zu versetzen.

Die Stunde kam. Die Geschützbatterien standen bereit. Der Großmufti, ein anmutiger junger Mann, trat auf die Bühne. Eilig verfaßte Flugblätter wurden an die dörflichen Imame geschickt. Die Imame lasen sie den versammelten Fellah vor. Es wurde dort gesagt, daß die ungewohnte Fahne vor der Mauer das Signal war für einen Angriff der Juden auf die heiligen islamischen Stätten. War vor allem auch die Mauer nicht eine dieser heiligen Stätten? An dieser Mauer hatte Mohammed sein Pferd Burak angebunden, bevor er mit ihm zum Sprung in den Himmel ansetzte. Die Zeit drängte. Die Juden wollten den Felsendom und die El-Aksa Moschee zerstören. Gefälschte Postkarten, auf denen die zionistische Fahne über dem Felsendom wehte, wurden von Hand zu Hand gereicht. Die religiösen Oberhäupter beschworen den Koran: »Du, das Gesetz unserer Väter, dem wir geschworen haben, es zu verteidigen, zeige uns unsere Pflicht!«

Es sollte nicht lange dauern.

Am 16. August, dem Jahrestag der Geburt des Propheten, verlassen zweitausend Araber die Freifläche vor den Moscheen, dringen in den schmalen Gang ein, dessen eine Seite die Klagemauer bildet. Sie zerbrechen die alte Holztafel der Klagegebete, zerreißen und verbrennen die Bücher der Psalmen, reißen die zwischen den

Steinen versteckten kleinen Zettel heraus, denen die Juden ihre unschuldigen Gebete anvertraut haben … Sie schlagen auf alle alten Seidenkleider ein, denen sie unterwegs begegnen.

Am 17. August spielen im Stadtviertel Bukharian jüdische Kinder Fußball. Der Ball fällt, so scheint es, auf muselmanischen Boden. Die Fellah greifen die Spieler an und verletzen sie schwer. Einer von ihnen stirbt. Man beerdigt ihn am 21. August. Die Juden wünschen, den Toten am Jaffator vorbeizutragen, wie der herkömmliche Brauch es erfordert, wenn man einen Toten ehrt. Die Polizei untersagt es. Zusammenstoß. Zwanzig Verwundete unter den Juden.

Der Großmufti fragt beim französischen Konsulat um einen Paß nach, um die gesunde Luft des Libanon atmen zu können. Verweigert.

Noch immer gibt es nur einhundertvierzig Soldaten Seiner Majestät in Palästina.

*

Am Freitag, den 23. August, dem Jahrestag des heiligen Bartholomäus, sieht die Morgenröte Massen von Arabern in Jerusalem eindringen. Sie kommen in Gruppen daher, jeder trägt einen Knüppel mit sich oder ein blankes Messer. Beim Eintreten in die heilige Stadt singen sie:

> Der Glaube von Mohammed
> Verteidigt sein Recht mit dem Schwert.
> Wir verteidigen mit dem Schwert
> Den Propheten Mohammed.

Der große Tag ist gekommen. Die von dem anmutigen jungen Mann in Umlauf gesetzten Flugblätter haben ihr Ziel nicht verfehlt. Die Messerschwinger und die Tambourmajore der Knüppel gehen hinunter zum Damaskustor. Sie kommen direkt an den französischen Kircheneinrichtungen vorbei, dem Krankenhaus, Notre-Dame de France:

> Der Glaube von Mohammed
> Verteidigt sein Recht mit dem Schwert.

Heute haben die Kinder Christi keine Angst: dieser Tag gilt den Juden … Gegenüber dem Damaskustor steht ein großes Gebäude im Stil einer Burg; dort befinden sich die Arbeitsräume des englischen Hochkommissariats. Sechs junge Juden stehen als Gruppe davor. Sie täten besser daran, sich zurückzuziehen, der fanatischen Menge das Feld zu überlassen. Sie bleiben stehen, repräsentierten zu sechst die neue jüdische Seele. Oft genug haben sie vernommen, daß ein Jude nur den Rücken beugen kann. Ein allzu lange unterdrückter Stolz läßt sie vergessen, daß Heldentum nicht immer mit der Vernunft einhergeht. Einer von ihnen, ein österreichischer Journalist, Dr. von Veisel, weigert sich, auch nur einen Meter vor der nahenden Kolonne zurückzuweichen. Ein Muselmane geht direkt auf Veisel zu. Die beiden Männer geraten aneinander. Veisel gewinnt die Oberhand.

– Nun, ruft er den vier englischen Soldaten zu, die dort Gewehr bei Fuß vor den Arbeitsräumen stehen, ein Mann greift mich an, ich halte ihn fest, sperren Sie ihn also ein!

Die Vertreter der Befehlsgewalt rühren sich nicht. Zwei andere Araber schlagen Veisel in den Rücken.

Die Repräsentanten des Gesetzes betrachten das Schauspiel; sie zucken nicht einmal mit der Augen-

braue. Warum bloß sollte man sich aufregen? Und die
Muselmanen stürzen sich auf die über dieses Verhalten
verblüfften Juden. Und alle, die vorbeigehen, gehen genau dort vorbei.

Je mehr Juden man umbringt, um so regungsloser
bleibt die Polizei. Was den englischen Hochkommissar
betrifft, er ist verschwunden, um in den Lüften spazie-
renzufahren wie ein Zeppelin! Zumindest könnte man
das vermuten, denn seit mehr als drei Wochen hat niemand mehr etwas von ihm gehört!

    – *Tod den Juden!*

    – *Die Regierung ist mit uns!*

Mit diesem Schrei auf den Lippen, das Messer in der
Faust ziehen die Söhne des Propheten durch Jerusalem.

Sie greifen die Viertel Talpiyyot, Beth Hakerem, Beth
We-Gan, Mahanayim, Romema, Gedud, San Hedris,
Mahanain an.

Sie töten. Sie singen.

Zwei englische Studenten aus Oxford, die das heilige
Land bereisen, stürzen sich in den Aufruhr. Man wird
nicht sagen können, daß diese Engländer nichts ver-
suchten, um den Tanz zu stoppen. Sie beschwören die
Muselmanen. Sie sind jung! Sie verstehen nichts von
Politik!

Und dann brennen die Ghettos von Hebron und Zefat.

Tel Josef, Gerdi, Nahalal müssen sich in der Ebene
von Jesreel verteidigen.

Das arabische Vorgehen ist ziemlich preiswert: Die
Mörder haben lediglich Anrecht auf zehn Zigaretten für
den Kopf eines Juden!

Heda, Europa! Man verblutet in Palästina …

Die Nationale Heimstätte wird zum internationalen
Schlachthaus!

XXIV

Die Soldaten des Großmufti

Es muß etwas zu Hebron und Zefat gesagt werden.

Hebron liegt in Judäa, das heißt im Gebirgsland. Achtzehntausend Araber, tausend Juden, tausend alte Juden, nicht alle vom Lebensalter, aber alt: Juden aus einer anderen Zeit, Schläfenlocken und Kaftan!

Man betritt Hebron. Für den Reisenden gibt es nichts Orientalischeres. Straßen für Leinwandepen. Sehr gut! Aber all das ist arabisch. Wo liegt das Ghetto? Sie blikken um sich und finden es nicht. Man hat Ihnen gleichwohl gesagt, daß es hier wäre, dort in diesem überdachten Basarviertel, zwischen jener Kreuzung und der niedrigen Moschee. Kein Ghetto! Kein Jude!

Sie kehren zur Auskunft zurück. Man gibt Ihnen einen Stadtführer mit. Der geleitet sie in den überdachten Basar und bleibt mit Ihnen zwischen dem Stand eines Händlers und einem Lammfleischverkäufer stehen. Dort in der Mauer, ein Loch: das ist eine Pforte, die Pforte ins Ghetto.

Tief gebückt gehen Sie hindurch; Sie richten sich wieder auf, und wenn Sie bis dahin nichts gesehen hatten, so sehen Sie jetzt etwas. Es genügt nicht, es zu sehen, man muß es auch glauben. Denn was sich dort dem Auge öffnet, ist unglaublich. Dieses Ghetto ist ein Häuserberg, ein richtiger Berg mit Kämmen, Pässen, Schluchten, ein schlecht gebautes kleines Gebirge, mit keinem Zentimeter freiem Boden: alles war mit Häusern bedeckt, alles! Um den Eingang der zweiten Behausung zu erreichen, mußte man über das Dach der ersten gehen. Vom Dach der zweiten gelangt man direkt in die dritte. So geht es immer weiter. Wo sind die Straßen? In der Tat, wo sind sie? Keine einzige Straße! Trotzdem gehe ich weiter, und ich gehe nicht immer über die Dächer! Nein! Doch ich klettere Treppen hoch, benutze einen Flur, ich verliere mich in einem Labyrinth. Im Glauben auf einen Platz herauszukommen, stehe ich statt dessen in einem Schlafzimmer. Ein großgewachsener Jude, der sich auf der Schwelle seines Hauses ausstrecken würde, läge mit dem Kopf bei sich und mit den Füßen beim Nachbarn ... ein Nachbar, dem er etwas Schlechtes wünschen möchte, ein Arm sonstwo und der andere in der Synagoge! Drei miteinander verbundene Synagogen krönen diesen verrückten Staat. Die Sonne hat nichts weiter Besonderes zu tun, als die ganze Fläche der Erde zu erwärmen.

Dort leben tausend Hebräer.

Nicht solche, die die Flagge vor der Klagemauer entfalten; nicht tausend muntere Burschen wie in Tel Aviv; auch nicht diese zähen und entschlossenen Siedler der Ebene von Jesreel. Tausend Hebräer, die nicht auf einem Schiff, sondern in einer Wiege nach Palästina gekommen sind, tausend ewige Juden. Eine einzige Familie ist kürzlich aus Litauen hierher gekommen, um auf dem Boden ihrer Vorfahren in Heiligkeit und nicht in Draufgängertum zu leben. Tragische Familie!

Freunde der Araber? Fast. Auf jeden Fall keine Feinde. Man kennt sich, sogar beim Namen, man grüßt sich seit zehn Jahren, seit immer. Das jüdische Hebron ist berühmt, nicht wegen seiner nationalen Gefühle, sondern wegen seiner Talmudschule.

Nun griffen also die Araber nicht Tel Aviv an, sondern Hebron ... und Zefat. Ich weiß sehr wohl, daß Ragheb Bei El-Nashashibi freimütig zur Entschuldigung sagt: »Krieg ist Krieg. Man tötet nicht den, den man töten will, sondern den, den man antrifft. Das nächste Mal all die, die gerade vorbeikommen, ob jung oder alt.« Wir machen Ragheb Bei ausdrücklich darauf aufmerksam, daß wir wetten, daß er sein Wort hält. Er dürfte dazu in der Lage sein. Aber die Zukunft ist heute nicht unser Problem.

Am folgenden Tag bringen seit dem frühen Morgen Araber ihre Sorge über das Schicksal der Juden zum Ausdruck. Nicht alle Araber haben sich den Fanatikern angeschlossen. Die Unberührtheit des Geistes ist zum Glück nicht überall auf islamischen Boden verbreitet.

– Bringt euch in Sicherheit, sagen sie den Juden.

Manche bieten den künftigen Opfern den Schutz ihrer Gastfreundschaft an. Einer von ihnen, der Freund eines Rabbis, geht sogar die ganze Nacht lang, um sich vor das Haus seines Schützlings stellen zu können. Er verteidigt den Zugang gegen die Verrückten seines Volkes.

Lesen Sie.

Etwa fünfzig Jüdinnen und Juden hatten sich außerhalb des Ghettos in die anglo-palästinensische Bank geflüchtet, die einer von ihnen leitete, der Sohn des Rabbi Slonin. Sie hielten sich alle in einem Raum auf. Die Araber, die Soldaten des Großmuftis, hatten sie rasch entdeckt. Das war am Samstag, den 24., gegen neun Uhr morgens. Nachdem sie die Eingangstür zur Bank aufgesprengt hatten. Alles weitere mit zwei Worten: Sie schnitten Finger und Hände ab, sie hielten Köpfe über einem Gaskocher fest, sie rissen Augen heraus. Regungslos empfahl ein Rabbi seine Juden Gott: Man skalpierte ihn. Man nahm das Gehirn heraus. Auf den Schoß von Frau Sokolov setzte man hintereinander sechs Schüler der Jeschiwa und schnitt ihnen vor ihren Augen die Kehlen durch. Man verstümmelte die Män-

ner. Dreizehnjährige Mädchen, die Mütter und Groß-
mütter stieß man in das Blut und fiel anschließend gemeinsam über sie her.

Frau X... liegt im Krankenhaus von Jerusalem. Man
hat ihren Mann vor ihren Füßen getötet, ihr Kind in ihren Armen verbluten lassen. »Du bleibst am Leben«,
sagten diese Männer des zwanzigsten Jahrhunderts zu
ihr.

Heute starrt sie ausdruckslos aus dem Fenster, ihr
fehlen die Tränen!

Rabbi Slonin, so schwarz wie Velasquez, ist ebenfalls
dort. Er redet:

– Sie haben meine beiden Söhne, meine Frau, meine
Schwiegereltern getötet.

Dieser Rabbi sagt das ganz natürlich, mit der Stimme
eines Gerichtsschreibers, der ein Protokoll verliest.

Aber er wird weinen:

– Im Jahr 1492, fügt er hinzu, hatten die aus Spanien
vertriebenen Juden eine Gesetzesrolle nach Hebron
mitgebracht, eine heilige Rolle, eine göttliche Thora.
Die Araber haben meine Thora verbrannt.

Und der Rabbi Slonin wischt zwei Tränen von seinen
harten Wangen.

Dreiundzwanzig Leichen in dem Bankraum. Das
Blut bedeckt noch immer den Kachelboden wie einge-
dicktes Gelee.

Der Glaube von Mohammed
Verteidigt sein Recht mit dem Schwert.

Und Sie haben keine Vorstellung von der Grazie, der
Jugend, der Sanftheit, dem Charme und dem hellen
Teint des Großmufti ...

*

Zefat liegt in Ober-Galiläa, in tausend Meter Höhe. Drei mit Häusern bedeckte Bergspitzen, Häuser, die blau oder rosa oder gelb oder weiß gekalkt sind. In der Ferne, zweihundert Meter unterhalb des Meeresspiegels, in einer Senke ein Spiegel in Form einer Lyra: der See Genezareth. Spiegel! Lyra! Zarte Farben! Warten Sie ab.

Wie die aus Hebron sind die Juden aus Zefat Juden einer vergangenen Zeit, die den … Zohar pflegen! Alte Chassidim, singen und tanzen sie zu Ehren des Herrn. Jene, die außerdem noch einen Laden im Ghetto unterhalten, halten ihre Geschäfte seit sechs Tagen geschlossen. Wir haben den 29. August. Sie wollen die Araber nicht reizen, die seit dem 23. täglich wie zu einer Prozession mit Dolchen und Knüppeln in der Hand durch die Straßen ziehen und auf den Lippen den Schwur tragen, alsbald die Juden umzubringen. Seit sechs Tagen? Und die Engländer? Auf Nachfragen geben sie aus Jerusalem zur Antwort, daß alles bestens sei. Am 29. August …

Aber hier die Geschichte, wie man sie mir in den Straßen des Ghettos von Zefat, dem Luftkurort, erzählt:

– Pardon, Monsieur, ich bin der Sohn des persischen Vizekonsuls …

– Hervorragend! antworte ich diesem jungen Mann. Man hat Ihr Haus ganz schön zugerichtet.

– Ich war hier in Ferien bei meinen Eltern. Ich studiere in Syrien bei den französischen Ordensbrüdern in Antura. Seit zehn Tagen …

– Ich weiß. Danach?

– Nun, am 29. waren wir alle zusammen im Haus. Wir hören es an der Tür klopfen. Mein Vater geht zum Fenster. Er sieht etwa fünfzig Araber. »Was wollt ihr, meine Freunde?« fragt er sie. – »Komm herunter! Wir wollen dich und deine Familie umbringen.« Mein Vater

kannte sie fast alle. »Wie bitte? Ihr seid meine Nachbarn; ich sehe unter euch mehrere meiner Freunde. Seit
mehr als zwanzig Jahren reichen wir uns die Hand.
Meine Kinder haben mit euren Kindern gespielt. –
Nun, heute müssen wir dich töten!«

– Mein Vater schließt das Fenster, und im Vertrauen
auf die Haltbarkeit unserer Haustür zieht er sich mit
Mama, meinen beiden Schwestern, meinem kleinen
Bruder und mir in ein Zimmer im ersten Stock zurück.

Kurz darauf Axtschläge gegen die Haustür. Dann ein
Knirschen: Die Tür hat nachgegeben. Mein Vater sagt:
»Rührt euch nicht. Ich werde nochmals mit ihnen reden.« Er geht hinunter. Unten an der Treppe steht ein
Araber, der sein Freund ist, an der Spitze der Eindringlinge. Mein Vater geht mit geöffneten Armen auf ihn zu,
um ihn zu umarmen, und sagt zu ihm: »Zumindest du
wirst doch weder mir noch meiner Familie Leid antun
wollen.« Der Araber zieht sein Messer aus dem Gürtel
und durchtrennte mit einem Schnitt die Kopfhaut meines Vaters. Ich ging dahinter die Treppe hinunter, ich
konnte mich nicht mehr beherrschen. Ich zerschlug einen Stuhl auf dem Kopf unseres Freundes.

Mein Vater sank zu Boden. Der Araber bückte sich
herab und stieß elfmal mit dem Dolch auf ihn ein. Dann
sah er ihn an, hielt ihn für tot und gesellte sich zu den anderen, die ein Nebenzimmer plünderten.

– Gut!

– Nachdem sie es geplündert hatten, steckten sie das
Haus in Brand. Ich holte meine Mutter, meine Schwestern und meinen kleinen Bruder aus dem Wand-
schrankversteck. Wir zogen gerade den Vater aus der
Feuersbrunst, als die Wahnsinnigen wiederkamen. Als
sie das Blut auf der Treppe sahen, sagten sie: »Die anderen haben ihm den Hals durchgeschnitten, suchen

wir nach seinem Körper.« Während ich mich zu meiner Schwester umdrehe, schreie ich auf arabisch: »Gib mir den Revolver, Ada!« Das war ein Trick. Wir hatten keinen Revolver. Meine Schwester tat so, als wolle sie ihn holen. Sie bekamen Angst und liefen fort!

Hier nun ein alter Mann, der in seinen weißen Bart weint. Er versucht mir zu sagen, daß er Salomon Goldschweig heiße, zweiundsiebzig Jahre alt sei, daß er in Zefat geboren sei, daß er niemals jemandem Leid zugefügt habe, daß man ihn heimgesucht und seine Frau getötet habe, daß man ihn auch habe umbringen wollen und daß alles von vier seiner Nachbarn, die er gut kenne, begangen worden sei. Und er fragt mich: »Warum?«

Ein junger Mann taucht auf:

Es ist Habib David Apriat. Sein Vater unterrichtete hebräisch, französisch und arabisch. Drei ehemalige Schüler seines Vaters seien bei ihm zu Hause eingetreten, haben seinen Vater, seine Mutter getötet und haben seiner Schwester, die sich auf ihrer Mutter liegend tot gestellt habe, die Daumen abgeschnitten.

Er läuft weg, er rennt. Wohin läuft er? Er kommt mit seiner Schwester – zwei Finger weniger – zurück, beide sehen mich an, und der junge Mann wiederholt immerzu: »Hier, sehen Sie! Sehen Sie!«

Ein anderer erscheint.

– Ich heiße Abraham Levy, ich bin französischer Staatsbürger aus Algerien. Ich bin Hausmeister an der Schule der israelitischen Gemeinde. Ich habe alles gesehen. Als sie in die Schule eindrangen, sagten sie: »Abraham ist einer unserer Freunde, man muß ihn nicht töten, aber wir werden ihm die Hände abschneiden.« Ich flüchtete mich aufs Dach. »Abraham!« riefen sie, »wo bist du? Du bist unser Freund, wir werden dir nur eine Hand abschneiden!«

– Ich kannte sie alle. Alle waren sie gute Kameraden. Ich konnte mich retten.

Und der Großrabbi Ismael Cohen?

Drei Monate vorher, als ich durch das Ghetto von Zefat spazierte, hatte ich dem alten Mann einen Besuch abgestattet. Schon seit Jahren hatte er die steile Treppe seines Felsennestes nicht mehr mit dem Fuß berührt. Vierundachtzig Jahre Lebensalter, ein stolzes Antlitz, ein berühmter Talmudgelehrter.

Auch ihm haben sie die Kehle durchgeschnitten!

Ich ging erneut über den Weg zu seinem Haus. Ich stieg die Treppe hinauf. Die Tür war nicht mehr verschlossen. Auf dem Diwan, wo er mich vor kurzem noch empfangen hatte, lagen blutdurchtränkte Kleidungsfetzen. Eine Pfütze angetrocknetes Blut, die wie ein zerbrochener Spiegel von hinten aussah, befand sich auf dem Fliesenboden. An der Wand der Abdruck seiner blutigen Finger.

– Monsieur Großrabbiner, hatte ich zu ihm an derselben Stelle gesagt, erlauben Sie bitte, daß mein Freund Rouquayrol eine Zeichnung von Ihnen macht.

– Liebe Besucher, hatte er geantwortet, der Glaube Mose untersagt es, aber Ismael Cohen sieht nicht mehr sehr gut, und er wird darüber sicher nichts wissen!

Und er reichte uns seine weiße Hand.

Seine Hand ist auch heute da, an der Wand, ganz rot!

So etwas nennt man eine nationale Bewegung!

XXV

Auf bald!

Was sagen die Araber?

Zehn von ihnen haben sich heute morgen in Jaffa zusammengesetzt. Fünf muselmanische Araber: Scheich Monafar, Omar Bihar, Präsident des islamisch-christlichen Komitees, Mahmoud Abukhadra, ehemaliger Gouverneur von Jaffa, Bürgermeister von Gaza, Hilini Abukhadra, Ismael Nashashibi.

Drei katholische Araber: Nasri Thalamas, Nicolas Beruti, Edmond Roch.

Zwei griechisch-orthodoxe Araber: I. D. Elissa, Anton Malak.

Als sie beieinander waren, fuhr einer von ihnen, Edmond Roch, mit dem Auto nach Tel Aviv vor das Hotel Palatin. Er holte mich ab.

Ich fuhr mit ihm.

Ziemlich nervös durchquerte er Tel Aviv, hielt das Lenkrad fest umklammert. In der Hauptstraße von Jaffa stoppte er den Wagen. Wir stiegen aus. Edmond Roch ging voraus, stieg mit mir eine Treppe hinauf. Eine Tür öffnete sich, wir gingen hinein. Ein großer Raum. Die Araber sind versammelt. Die Atmosphäre ist spannungsgeladen. Händeschütteln. Blickkontakte. Elf Stühle. Man setzt sich.

Sie haben soviel zu sagen, daß der große Raum, der außer den Sitzgelegenheiten kahl ist, von ihren Forderungen erfüllt zu sein scheint. Die zehn sind zehn Lokomotiven, die bereit sind, mit Tempo hundert loszulegen. Schließen wir also die Schranken! Folgen wir dem Zug!

Alle wenden sich Scheich Monafar zu.

Als Zeichen seines besonderen Charakters trägt der Scheich einen weiß umgürteten Tarbusch auf dem Kopf. Der Scheich hat die gegerbte Haut der Wüstenbewohner. Er ergreift das Wort und redet freiheraus:

– Palästina ist ein arabisches Land; die Araber waren in diesem Land viele Jahre vor den Juden.

Die neun anderen stimmen mit Gemurmel zu.

– Die Juden haben im Verlauf der Geschichte zufällig einige Ecken Palästinas erobert, aber nie das ganze! Was haben sie während ihrer Besitznahme geschaffen? Sie haben keinen Beitrag zur Zivilisation, nichts von ihrer Herrschaft hinterlassen. Und was sieht man? Ein Durcheinander. Die Römer haben sie vertrieben. Sie sind fortgegangen. Das Land hat nichts von ihnen bewahrt. Das also zur uralten Vergangenheit.

Fünfhundertsechzig Jahre später obsiegte der Islam. Unsere Väter nahmen wieder das Land in Besitz und gaben es seiner ehemaligen Nationalität zurück. Seither sind wir hier bei uns zu Hause.

– Bei den Türken?

– Nun, wir sind fast bei uns zu Hause. So war es bis zum Weltkrieg. Während des Kriegs sind die Nationen wieder erwacht, Arabien wie auch andere. Wir haben über die Meere hinweg gefordert, daß unser altes Königreich wiederhergestellt wird. In dieser Hinsicht haben wir Versprechungen erhalten sowohl von England als auch von Frankreich.

– Mehrmals, wirft einer der zehn ein.

– Unter den Türken …

Man sieht mich zweifellos lächeln:

– Unter den Türken wurden wir streng behandelt, aber wir hatten Vertreter im Parlament, Minister im Regierungskabinett in Konstantinopel. Gleichwohl riefen wir unaufhörlich nach größerer Freiheit.

Die offizielle Sprache war arabisch.

Nun, trotz der religiösen Bande, die uns mit den Türken verbinden, hat die Freiheitsliebe uns gegen die Türken aufgebracht. Wir haben uns mit den Alliierten in der Hoffnung auf völlige Unabhängigkeit verbündet.

Die Alliierten haben gewonnen. In diesem Krieg floß auch unser Blut. Das große arabische Königreich erstand vor unseren Augen. Plötzlich verflüchtigte sich alles. Wir bleiben mit einem Traum allein.

Einst waren wir eine große Einheit: Syrien, Palästina, Mesopotamien ...

– Das ist eine andere Frage.

– Lassen wir sie gelten. Wir sind siebenhunderttausend hier, nicht wahr? Man kann, glaube ich, sagen, daß wir eine Nationale Heimstätte bilden. Als Belohnung schickt uns Lord Balfour die Juden, damit sie hier ebenfalls eine Nationale Heimstätte bilden. Eine Nationale Heimstätte innerhalb einer Nationalen Heimstätte, das heißt Krieg!«

Die Versammlung pflichtet lautstark bei.

– Ihr wollt keine Juden?

– Irrtum! Wir wollen keine Jüdische Nationale Heimstätte. Sie wissen, daß es drei Arten von Juden in Palästina gibt. Die alten gläubigen Juden, die hierherkommen, um zu sterben ...

– Sie haben ihnen dabei geholfen!

– Nicht wir haben mit dem Morden begonnen! Wir nicht! schrien die zehn Muselmanen. Der erste der getötet wurde, war ein Araber, Sidi Akacheh, der im Jerusalemer Stadtteil Scheich Zorah von einem Juden umgebracht worden ist.

– An welchem Tag?

Sie überlegen und nennen den 26. August. Die Ereignisse begannen am 23. Vielleicht irren sie sich im Datum? Es kehrt wieder Ruhe ein. Scheich Monafar fährt fort:

– Dann die Juden von vor 1919, die Juden des Barons. Sie haben Grund und Boden gekauft, sie betreiben Landwirtschaft, keine Politik. Dann schließlich die Juden des Lord Balfour, die Zionisten. Wir haben nichts einzuwenden gegen die frommen Juden noch gegen die Juden des Barons, die können ruhig in Frieden hier bei uns leben! (Orient, weißt du denn nicht mehr, daß es genau die frommen Juden sind, die du massakriert hast!) Aber den anderen haben wir den Krieg erklärt.

– Was werfen Sie ihnen vor?

Abermals werden die Stimmen lauter.

– Ein »Haufen Gesindel« von dem zu sein, was man in Europa nicht will! Daß sie uns vertreiben wollen! ... Daß sie uns wie Eingeborene behandeln! ... Sehen Sie, die Welt weiß nicht, daß hier siebenhunderttausend Araber leben! ... Wenn Sie das machen wollen, was Sie in Amerika gemacht haben, genieren Sie sich nicht, bringen Sie uns um, wie Sie die Indianer umgebracht haben und lassen Sie sich hier nieder! Wir klagen England an, wir klagen Frankreich an!

– Womit?

– Zuallererst werfen wir den Juden vor, uns ruinieren zu wollen. Beispiel: Die Stadtverwaltung von Tel Aviv war infolge von Luxusausgaben mit hundertfünfzigtausend Pfund verschuldet. Die palästinensische Regierung hat diese Schuld mit Geld aus dem Staatsschatz bezahlt, den wir mit unseren Steuern auffüllen. Anderes Beispiel: Ganz Palästina befindet sich im Bau. Man erkennt es nicht wieder. Wir empfanden nicht die geringste Notwendigkeit für diese Veränderung. Wozu benötigt man Elektrizität? Wozu benötigt man diese Straßen? Man baut Straßen, um den jüdischen Arbeitern etwas zu essen zu geben. Der jüdische Arbeiter arbeitet acht Stunden, der arabische zwölf. Der jüdische Arbeiter wird doppelt so gut bezahlt wie der arabische. Die Regierung, der wir uns fügen, ist keine Regierung, sondern eine Wohlfahrtseinrichtung für Fremde.

Zweitens werfen wir ihnen vor, uns zu schikanieren. Die Gesetze des Landes sind von einem Engländer, einem Juden, Mister Bentwitch geschaffen worden. Diese Gesetze sind gegen die Araber und für die Juden. Für dasselbe Vergehen: zwei Pfund Strafe für einen Juden, zwei Monate Gefängnis für einen Araber.

Drittens werfen wir ihnen vor, daß wir bei uns hinausgeworfen werden sollen. Das Land heißt Palästina, sie haben es umbenannt in *Eretz Israel* (Land Israel)! Die einzige Sprache war das Arabische, sie haben eine Gleichstellung des Hebräischen erreicht. Sie kaufen unser bestes Land. (Warum verkauft ihr es ihnen?) Sie sagen: »Wenn ihr nicht zufrieden seid, dann nehmt die Knochen eurer Propheten und geht!«

Anstelle des ewigen Juden nun der ewige Araber?

– Meine Herren, welche Bedingungen erwarten Sie, damit keine Juden mehr umgebracht werden?

Tumult! Sie haben keine Juden umgebracht! Nein! Zumindest, wenn ich das bitte verstehen möchte, haben sie sie nicht umgebracht um des Umbringens willen, sondern um auf das Los der Araber aufmerksam zu machen.

– Unsere Bedingungen, fährt der Scheich fort, sind folgende:

1. Annullierung der Balfour Deklaration, so wie sie verfaßt ist und so wie sie angewendet wird.

2. Wahl nach allgemeinem Stimmrecht und Bildung einer arabischen Regierung.

3. Begrenzung der jüdischen Einwanderung.

4. Annullierung der Gesetze, die Juden und ihre Wirtschaft begünstigen.

– Glauben Sie, daß die zweiundfünfzig Unterzeichnerstaaten der Balfour Deklaration ihr Wort zurücknehmen können?

– Das ist nicht unser Problem!

In der Tat, als Nationen scheinen sie nur die dreiundfünfzigste und die vierundfünfzigste kennen zu wollen: die arabische und die jüdische!

– Meine Herren, ich habe Ihre beiden Oberhäupter in Jerusalem getroffen: den Großmufti und Ragheb Bei El-Nashashibi. Ich habe den Großmufti gefragt: »Werden die Massaker ein Ende haben?« Der Großmufti, dessen Jugend nicht Unbesonnenheit heißt, klatschte in die Hände. Wir befanden uns auf seiner Terrasse. Der Felsendom diente uns als Bildhintergrund. Das Abendlicht eroberte den Ölberg. Alles schien friedlich um uns herum. Auf seinen Befehl hin eilten Diener herbei. Dieser Nachkomme des Propheten verlangte nach Papier. Ich half ihm mit einem Stift aus. Er antwortete mir schriftlich: Hier ist das Dokument.

Und ich las es vor:

»Man darf keine wirkliche und dauerhafte Verbesserung, keine ständige Sicherheit, allgemeine Beruhigung, gütliche Beziehungen unter den Einwohnern des Landes in Palästina erhoffen, wenn nicht 1. die ungerechte Politik, wie sie die Balfour Deklaration beinhaltet, aufgegeben wird, eine Politik, die der Natur der Dinge widerspricht und die die Unterwerfung der Mehrheit unter die Minderheit verlangt; 2. eine Ordnung der Gerechtigkeit und der Billigkeit verfolgt wird. Diese Ordnung besteht in der Bildung eines repräsentativen demokratischen Staates, der von allen

Palästinensern, arabischen und jüdischen, nach dem Verhältnis ihrer entsprechenden Anzahl gelenkt wird.«

– Sind Sie mit Ihrem Großmufti einer Meinung?

– Ja!

– Danach, meine Herren, habe ich das alte Jerusalem verlassen! Welche Stille! Welch kaltes Gefühl im Rükken! »Achtung!« rief ich jedesmal, wenn ein Schatten auftauchte, »erstecht mich nicht, ich komme aus Paris und nicht aus Tel Aviv.« Ich gelangte zum Rathaus. Ragheb Bei El-Nashashibi empfing mich. Ragheb Bei, der ein Recke ist, hatte noch mehr Freimut im Blick als drei Monate zuvor.

»Nun, Herr Bürgermeister«, sagte ich, »sind Sie bezahlt worden? Mit dem Preis des Blutes, hatten Sie mir letzten Mai gesagt; das Blut ist vergossen!«

Ragheb Bei sah mich verblüfft an. Er sagte mir, daß, solange die Balfour Deklaration existiere, nichts beendet sein würde und daß, sobald die englischen Truppen abzögen, alles wieder von vorne begänne.

– Sind Sie mit dem Bürgermeister von Jerusalem einer Meinung?

– Ja!

»Sehen Sie«, sagte ich nochmals zu Ihrem Oberhaupt, »Sie können doch nicht alle Juden umbringen. Es sind hundertfünfzigtausend. Das würde Ihnen viel zu lange dauern!

Aber nein, gab er zurück, bloß zwei Tage!

Fünfundsiebzigtausend am Tag?

Aber ja!«

Ich fragte die zehn, ob sie mit Ragheb Bei einer Meinung seien.

– Wir sind einer Meinung!

– Nun, meine Herren, wenn die englischen Truppen ihre Schiffe besteigen, dann haben Sie doch die Freundlichkeit und telegraphieren mir. Ich glaube, daß Sie Ihre Kräfte überschätzen. Die neuen Juden werden sich nicht abschlachten lassen. Ich bin sogar sicher, daß sie Ihnen viel zu schaffen machen werden. Es wird eine schwere Schlacht geben. Hier ist meine Adresse. Vergessen Sie nicht, mich zu benachrichtigen. Ich komme zurück, um Sie bei der Arbeit zu beobachten. Auf bald!

XXVI

Das Glück, ein Jude zu sein!

Ich bin durch Judäa, Samaria, Ober- und Untergaliläa gefahren. Vergeblich stieg ich auf das Karmelgebirge, auf die Berge Tabor und Gilboa; vergeblich rief ich in die Ebene von Jesreel; vergeblich ruderte ich über den See Genezareth. »Zeigt mir endlich«, schrie ich aus Leibeskräften, »zeigt mir endlich einen Juden, der aus Frankreich gekommen ist; ich erwarte ja nicht zwei: nur ein einziger, das genügt mir!« Meine Stimme blieb ohne Widerhall. Nicht ein Jude ist aus Frankreich hierher gekommen, um das Königreich Davids wiederaufzubauen.

England hat einen. Er hat eine schöne Seele, die sich ohne Unterbrechung in seinem Gesicht widerspiegelt. Hinter seinem Schreibtisch in Jerusalem hängt ein Porträt von Maréchal Foch. Dieser Engländer war Colonel der englischen Armee gewesen. Eines Tages fühlte er sich als Jude. Er gab seine Rangabzeichen, seine Staatszugehörigkeit zurück. Er ließ alles hinter sich und meldete sich in der Stadt seiner Vorväter. Inzwischen brennt er im Gewölbe des jüdischen Tempels wie ein ewiges Licht. Man nennt ihn immer den Colonel Kische.

Auch Holland hat einen: ein Ratsherr aus Amsterdam. Sein Name ist Van Vriesland. Er ist mit dem Konsulat seines Herkunftslandes in Palästina beauftragt. Er ist ein Mann von Welt, der über alles Zigarren liebt, aber der sich offen zu der Idee bekennt, daß im Garten der Menschlichkeit, die Blumen sich anstrengen müssen, um ihre Farbe zu bewahren. Er glaubt nicht, daß es für irgend jemanden von Nutzen sei, wenn eine Blume unter dem Vorwand der Anpassung so aussieht wie jede andere. Seiner Meinung nach ist es gut, daß Juden davon träumen, sich wieder unter ihren Feigenbaum zu setzen.

Die Tschechoslowakei hat Professoren hergebracht; Belgien Pflanzer; Deutschland Architekten; Amerika reiche Bewunderer. Falls Sie die Herzlstraße in Tel Aviv absperrten, würden Sie hundert Menschen festhalten, die alle einen wundervollen Bericht mit sich tragen. Jener dort hat, um Jude zu sein, ganz Rußland, Sibirien, die Mandschurei und China durchquert – und das zu Fuß! Er brach auf wie ein Pfeil, achtete aber nicht auf den allerkürzesten Weg. So kamen welche aus Kanada, aus Chile.

Der Geruch des Verheißenen Lands brachte nicht nur die Habenichtse in Versuchung. Diese Herren, die durchs Land ziehen mit schwankender Seele, betrachten Sie sie näher: es sind Millionäre. Einer kommt aus Polen; ein Großunternehmer aus Lodz; er beschäftigt zwölftausend Arbeiter, es ist Oskar Kohn. Sehen Sie, wie aufgewühlt er ist. Er war eigentlich für nur vierzehn Tage gekommen; er kann nicht mehr fortgehen. Er sucht Wasser. Er will welches finden. Danach wird er hier seine Spinnereibetriebe errichten. Das jüdische Epos macht den mächtigen Industriellen trunken, welch eigenartige Fabel! Die Brüder Polak aus Moskau, ebenfalls Industriemagnaten, haben dasselbe Lied vernommen; sie mahlen Korn zum Klang des Ideals!

Maler, Schriftsteller, Musiker, Schauspieler ... Aber die eigentliche Grundlage bilden die Heerscharen aus Litauen, der Ukraine, Bessarabien, der Bukowina und aus Galizien.

Sind sie glücklich? Man mag denken, daß eine entsprechende Bestätigung mich nicht viel kosten wird. Ich bin durch Palästina auf und ab gegangen. Ich habe diese Juden mit dem Pflug in der Hand gesehen. Im Vorbeikommen habe ich ihnen zugerufen: »Schalom!«, und ich habe einen Blick in ihre Häuser werfen dürfen. Als ich feststellte, daß jeder ein Bett hatte, auf dem er sich nachts ausstrecken konnte, habe ich gesagt: »Gut! Gut!« Ich habe ihre Mühlsteine gesehen und daß ihre in Gemeinschaft erzogenen Kinder ganz prächtige Kinder waren. Ich habe am Abend gesehen, wie diese ungewöhnlichen Landarbeiter nach der Rückkehr vom brennend heißen Feld eine Bibliothek aufschlossen. Die Bücher, die sie lasen, waren Bücher für Intellektuelle. Ich habe auch Frauen gesehen, wie sie sich schwer über den Boden beugten; sie richteten sich auf, kamen auf einen zu, und plötzlich waren es *Damen,* die da gingen. Nachdem ich mir die Stirn abgetrocknet hatte, sagte ich wieder: »Schalom!« Und ich ging fort, ließ sie zurück in der herben Gegend. Ist das das Glück?

Drei Monate später bin ich wiedergekommen. Erneut bin ich durch Esdrelon, Tiberias, Caiffa gelaufen. Es hat sich nichts verändert. Sie bearbeiteten den Boden, wie Bauern den Boden bearbeiten: ohne Aufhebens.

– Nun, fragte ich, sind Sie von den Arabern angegriffen worden?

– Ja.

– Sie wollten denen nicht ihren Grund und Boden überlassen?

– Nein.

Und weit entfernt von dem Land, wo sie geboren worden sind, fingen sie an das Korn zu dreschen, mit dem Gewehr an ihrer Seite. Ist das das Glück?

Ich habe sie in Jerusalem in den Vororten gesehen, die sie neu errichtet haben. Ihre alten Brüder hatten ihretwegen ihre kleinen Läden innerhalb der Befestigungsmauern geschlossen. Man traf sie nicht mehr an, wenn man durch das Labyrinth der Innenstadt eilte. Die Klagemauer war ohne Tränen. Keine Seidenkleider mehr, keine merkwürdigen Hüte. Die frommen Juden waren wie vom Erdboden verschluckt! Und die jungen, die Musketiere Theodor Herzls, spitzten auch die nicht die Ohren? Was bedeutete dieser Aufruhr? Wer würde heute abend umgebracht werden? Der Taxifahrer zögerte, in die Straße einzubiegen. Dieses hochaufragende Gebäude dort links neben dem Ölberg ist das englische Hochkommissariat. Alle seine Beamten waren für die Araber. War das besonders ermutigend? Machte man zumindest ein Vermögen in diesem Land? Nicht einmal das! Ist das das Glück?

Und dort ist alles heller, freundlicher. Dort kann man das Leben fühlen: Tel Aviv! Man sagt, daß die Kaufleute Probleme haben. Dennoch liest man nirgendwo Spannung von den Gesichtern ab. Heute abend kommt die ganze, ja die ganze Stadt langsam von einem Fußballspiel zurück, bei dem die *Macchabees* gewonnen haben. Vierzigtausend Menschen sind auf den Beinen, um zu demonstrieren, welche Arbeit die Araber vor sich haben werden am besagten Tag des großen Massakers. Ist das das Glück?

Herr Dizengoff, Sie haben Tel Aviv erschaffen und den Traum von Theodor Herzl in Zement gegossen. Während Sie uns den Plan zeigen, nach dem Tel Aviv zu einer Hauptstadt von hunderttausend Einwohnern werden soll, hören wir das Klopfen an den Toren der Stadt; es sind eure Nachbarn, die Muselmanen, die Sie darüber in Kenntnis setzen, daß sie sehr bald Ihr Werk umstürzen werden. Sind Sie glücklich?

Herr Ruttenberg, Sie haben dem Land Ihrer Vorväter das Licht geschenkt. In Rußland, wo sie noch vor kurzem ein wichtiger Kopf waren, hat man Ihnen dafür gratuliert, daß Sie die Dunkelheit zurückgedrängt haben. Hier beschuldigen die Araber Sie, daß Sie ihnen das Wasser weggenommen hätten. Die Christen rümpfen die Nasen über den Mann, der es wagte, den Jordan zu berühren. Es dürfte inzwischen notwendig sein, Ihre kühnen Bauwerke mit Stacheldraht zu umgeben. Sind Sie glücklich?

Herr Tolkowski, Sie waren Belgier. Nicht das Elend hat Sie nach Palästina geführt. Sie hatten ein gutes Leben gehabt. Im Jahr 1921, während der ersten Pogrome in Jaffa, haben Sie ein geliebtes Wesen verloren. Während der heutigen Tage waren Sie in Talpioth, als die Araber angriffen. Sie haben Ihre Kugeln gezählt: eine für Ihre Frau, drei für Ihre Kinder, eine für eine Verwandte und eine für Sie. Sie hatten insgesamt neun Pistolenkugeln. Es blieben also drei zur Verteidigung. Ihre Entscheidung war getroffen. Während dieser Zeit brachten die Araber am Ausgang von Tel Aviv Ihren Schwager um, den jungen Goldberg, der sich auf dem Weg zur Hilfe von zwei Juden befand, die abgeschieden in einem Orangenhain lebten. Ich habe Sie ein wenig bleich angetroffen, aber ohne Bedauern darüber, palästinensischer Bürger zu sein. Sind Sie glücklich?

Und ihr da unten, auf dem Lande, ihr Ukrainer, Litauer, Bessarabier, Galizier, warum würdet ihr bodenständig bleiben? Den Boden in der Ebene von Esdrelon zu bearbeiten ist gewiß nicht die Erfüllung der Glückseligkeit. Es ist heiß hier, die Mücken sind gefräßig, keine Aussicht auf eine Goldader, aber woher kamt ihr? Wäret ihr glücklicher unter dem Joch von Europäern?

Tel Aviv ist weniger günstig für Geschäfte als New York, London, Konstantinopel, Paris. Was für eine Entdeckung! War Lemberg besser? Und Kaunas? Machtet ihr alle gute Geschäfte in Berditschew, in Shitomir, in Tarnapol, in Kischinjow? Hier ärmer als anderswo? Vielleicht! Aber was haben sie in Palästina gesucht? Das Glück? Nein, ein Land!

Nicht der geringste Zweifel kommt darüber auf. Es sind Juden, die das jüdische Vaterland im Blut hatten. Was man ›Zionismus‹ nennt, ist lediglich eine Krankheit der Seele Israels. Diese Krankheit befällt nicht alle Juden, aber jene, die sie getroffen hat, sind fest in ihrer Gewalt. Man wird nicht Zionist aus Vernunftgründen, der Zionismus ist, so glaube ich, das Gegenteil von Vernunft. Man ist Zionist aus einem Trieb heraus. Es ist eine Leidenschaft, und täglich sieht man jede Menge Leute, die sich ihr nicht widersetzen können.

Und ein Mensch, der sich einer Leidenschaft verschreibt, ist glücklich.

Colonel Kische, Konsul Van Vriesland, Bürgermeister Dizengoff, Ingenieur Ruttenberg, Pflanzer Tolkowski, der Extremist Jabotinsky, der vier Millionen innerhalb der nächsten dreißig Jahre auf dem Boden seiner Väter sieht, die tschechischen Bibliothekare, die deutschen Mediziner, der Maler Rubin, die zwanzig anderen Maler, die hebräischen Dichter, die Bäuerinnen mit den weißen Händen, die verrückten Taxifahrer, die aus Amerika herübergeschickten hübschen Studentinnen, die jungen Paare, die sich an der Straßenecke einem ›Mismus‹ hingeben. Mismus, so hat man das Wort *Flirt* ins Hebräische übertragen! Flirten auf hebräisch! Der Zorn der Rabbis gegen diese jungen Juden ist offenkundig nicht immer grundlos! Die Landarbeiter hinter dem Pflug, die Händler ohne Kundschaft, die Träumer und die Klarsichtigen, sie haben das, was sie wollten. Zionisten, sie leben am Berge Zion. Die schlechten sind wieder fortgegangen, geblieben sind die lauteren.

Glücklich? Tief glücklich, Jude zu sein. Überall auf der ganzen Welt ist ein Jude, der etwas Schlimmes getan hat, weder ein Franzose, ein Deutscher, ein Belgier oder ein Engländer, er ist ein Jude! Ein Jude, der etwas Bedeutendes entdeckt, einen Beitrag zur Menschlichkeit leistet, nun, der ist kein Jude mehr, sondern ein Deutscher, ein Belgier, ein Engländer, ein Franzose. Für jeden von uns ist Einstein ein Deutscher, Bergson ein Franzose. Alle Juden hier erklären, daß sie genug davon haben, zum kulturellen Reichtum Englands, Rußlands, Deutschlands, Frankreichs oder Amerikas beizutragen. In Palästina wird ihr Stolz befriedigt. Sie haben sich das Recht erobert, ein Schuft oder ein Genie zu sein, ohne deshalb nicht mehr Jude zu sein.

Das Leben in Paris oder in London? Gewiß, es ist schöner als in Palästina. Aber ist es schöner als ihr Traum?

Die Massaker? Das war für Leute, die Frieden gewohnt waren, eine schreckliche Geschichte. Aber für sie …

Als Adam am ersten Abend die Sonne untergehen sah, seufzte er schwer. Der Tag war so schön gewesen!

Am nächsten Tag ging erneut die Sonne auf. Das Fest begann abermals im Herzen des ersten Menschen. Er sang, als die Sonne wiederum verschwand. Adam hatte verstanden, daß es immer so sein würde. Er hörte auf zu klagen und sagte: »Laßt uns leben!«

Lebt also weiterhin, ihr Juden, von Massaker zu Massaker ...

XXVII

Ahasver, bist du angekommen?

Ewiger Jude, Ahasver, bist du angekommen?

Im vergangenen Winter, da habe ich ihn in den Karpaten getroffen, ich habe gedacht, daß er wohl unterwegs nach Palästina sei. Die Sonne ging für ihn erneut auf über dem Lande Kanaan. Nach den Worten Ezechiels, dem Sohn des Busis, brach Zion in Lobgesang aus, das Haus Israel stieß Schreie der Erleichterung aus, Jerusalem wurde von Freudentaumel fortgerissen. Denn der Herr hatte, nachdem er seine Feinde fern gehalten hatte, den Ort der Verdammung ausgelöscht. Ich hörte überall in den Kanzlerämtern Europas und Amerikas ein wenig sagen, daß England der Stimme Gottes gehorchte und ihn zurückkommen ließe, der aus dem Land vertrieben worden war, und ihm seinen berühmten Namen in dem Land zurückgeben würde, wo er ein Schandfleck gewesen war.

Ich war darüber glücklich für ihn.

Bestünde die Welt nur aus Frankreich, Amerika, Deutschland und England, dann hätte es keinen Zionis-

mus gegeben. Die Stimme des Propheten einer Rückkehr würde sich nur an Taube wenden. Könnte Nehe-
mia in Paris, London, Berlin oder New York die Worte
sagen:

»Geh nach Judäa, in die Stadt der Gräber deiner Väter, um sie wieder zu errichten.«

Die Gräber der Väter liegen inzwischen auf dem Pè-
re-Lachaise. In unserer prosaischen Zeit erscheint der
Zionismus von der Place de la Bourse aus betrachtet wie
das Werk eines schlechten Witzboldes. Es ist Paris-Is-
rael, das spricht. Seine Meinung ist nicht die meine. Das
Ideal ist in bestimmten Fällen ohne Nutzen, ich weiß.
Man nimmt nicht mehr von den Blumen, die man auf
die Tafel legt!

Aber akzeptieren wir die Tatsachen. Die Juden der
atlantischen Seite haben aufgehört, Juden von Zion zu
sein. Man könnte pedantisch erklären, warum ihre
Seele nicht widerklingt vom Geigenklang des Theodor
Herzl. Es reicht völlig aus zu betonen, daß Jude zu sein,
nicht heißt, Poet zu sein. Unter Gottfried von Bouillon
waren nicht alle Christen Kreuzfahrer. Frankreichs Juden, die Palästina von der Seite ansehen, tun es von weitem und durch das verkehrte Ende eines starken Fern-
rohrs.

Stellen wir also die jüdische Frage dort, wo sie besteht: in Polen, in Rußland, in Rumänien, in der Tschechoslowakei, in Ungarn. Dort irrt der ewige Jude um-
her. Ein Jude in diesen Ländern ist für die anderen
Menschen das, was ein tollwütiger Hund aus einem afri-
kanischen Nest für andere Hunde ist. Man hält ihn vom
Haus fern. Er streunt herum, sucht nach Futter. Versucht er, sich der Stadt zu nähern? Die Bürger legen das
Gewehr auf ihn an. Blicken wir ein wenig über unsere
Grenzen hinaus. Die Welt beschränkt sich nicht auf die

Karte von Frankreich. Es gibt ein Drama in unserer Zeit, ein altes plötzlich wieder junges Drama: das Drama des jüdischen Volkes.

In Rußland warten die Juden darauf, umgebracht zu werden. An dem Tag, wo die Sowjets verschwinden, kann das Rote Kreuz die Sanitätswagen vorbereiten. Die arische Meute wird Fangen spielen.

Schande über jene in Polen, Schande über jene in Rumänien. Stete Schande, die sie bedecken soll wie eine Steinplatte ... auf immer! In der Marmarosch, tief in den Karpaten, von wo sie mit ihren abgenutzten Zehnägeln nicht mehr herausklettern können, entsetzliches Elend!

Dort in diesen Ländern hat über einem düsteren Himmel eines Tages eine magische Laterne das Verheißene Land erscheinen lassen. Ein neues Verheißenes Land, nicht mehr das alte, so graue von Mose, sondern ein modernes Verheißenes Land, farbig, in den Farben des Union Jack? Der ewige Jude ist zum Stillstand gekommen. Wie schön das Land war, das man ihm zeigte! Sonne! Orangen! Wälder, um Häuser zu bauen!

– Aber, schreit er, wie einst Sanaballat zur Zeit des Artaxerxes, was macht ihr armen Juden da? Baut ihr ernsthaft Jerusalem wieder auf? Könnt ihr aus diesem Haufen Staub die Steine fertigen, die verbrannt sind?

– Du sagst es, antwortete ein weißhaariger Engländer.

– Bist du Artaxerxes, genannt Lang-Hand? fragte der ewige Jude.

– In der heutigen Zeit, antwortete der weißhaarige Engländer, muß nicht die Hand, sondern der Arm lang sein. Ich bin Balfour, genannt Lang-Arm.

Daraufhin sagte der ewige Jude zum Lord:

– Wenn es dem Lord als richtig erscheint und wenn

ihm sein Diener annehmbar ist, dann möge er mich nach Judäa schicken.

– Hier sind die Begleitschreiben, mein Jude, antwortete der Lord, Begleitschreiben für die Gouverneure der Länder jenseits der Flüsse und Berge, Begleitschreiben, damit sie dich hindurchlassen, bis du in dem Land meiner magischen Laterne angekommen bist.

Und dem langen Arm des Lords folgend, erreichte der ewige Jude vor zehn Jahren das Land Palästina.

*

Er bemerkte bald, daß weitere hunderttausend ihm gefolgt waren. Also sprach er: »Stehen wir auf und fangen an zu bauen.«

Doch die Feinde waren rundherum und paßten auf sie auf.

Sie verstehen rasch, daß damit die Araber gemeint sind. Es gab Araber im Schatten des langen Arms von Lord Balfour. Pah, sagten jene, die aus Galizien, der Ukraine, Bessarabien und der Bukowina angekommen waren, wir werden mit der einen Hand arbeiten und in der anderen das Schwert führen, so wie es unsere Vorfahren machten im Frühling des Jahres 537 vor der Zeitrechnung Jesus Christus.

Und sie handelten so, wie sie es gesagt hatten.

Sie kauften hundertdreizehntausend Hektar Land. Sie bildeten hundertundeins Siedlungen. Wenn sie die Mauern von Jerusalem nicht wiederaufbauen mußten, dann deshalb, weil sie nicht zerstört worden sind seit dem letzten Mal, und da sie an die Tore weder Flügeltüren noch Schlösser oder Balken anbringen mußten, errichteten sie beeindruckende Vororte am Ausgang der heiligen Stadt. Dizengoff erbaute den Hügel des

Frühlings. Ruttenberg vermählte den Jordan mit dem Jarmuk. Tolkowski legte Orangenhaine an.

Wundervolle Geschichte! Aber ewiger Jude, aber woher hast du das Geld dafür bekommen?

Aus der ganzen Welt.

Als deine Brüder sahen, wie du entschlossen deinen Wanderstab nahmst und dich in einem Zug von den Karpaten zum Jordan aufmachtest, da blickten sie alle auf dich. Da kamst du ihnen wie ein nationaler Held vor, und in kleinen blauen Behältnissen mit dem Siegel Davids versehen, die von überall dort herkamen, wo deine Brüder leben, flossen dir Tag für Tag unter welchem Vorwand auch immer Mark, Dollar, Schillinge, Pesos und Gulden zu.

Und schon fingst du an, Dummheiten zu begehen.

Dein alter Wanderstab wurde stolz wie eine Hellebarde. Du ließest ihn gefühllos auf die Füße der Araber fallen; dein beweglicher und erregender Geist fegte zwanzig Jahrhunderte mit einem Strich fort. Du kehrtest zu dir zurück wie diese Ehemaligen hinter Louis XVIII., ohne groß nach dem zu fragen, der nach deinem Fortgang dein Haus gekauft hatte. Frechheit ist nicht immer eine schlechte Sache, aber sie muß sich gegen die Großen wenden!

Du hattest genug davon, unter dem Stiefel zu liegen. Jeder versteht, daß es angenehm ist, wieder sein Haupt aufzurichten. Aber wenn man seine Nase zu hoch trägt, sieht man nicht mehr, was neben einem passiert. Ewiger Jude, der Lord hat seinen Arm zurückgezogen!

Du, der du dich rasiert hast, die Haare hast kurz schneiden lassen, deinen Kaftan beiseite geworfen hast, der seinen Hals offen trägt in einem Hemdkragen wie Danton, du warst der Schönling unter den Häßlichen!

Leugne es nicht. Ich habe dich gesehen. Du gehst hinter einer Fahne als Kapitän einer Fußballmannschaft her, kerzengerade wie ein alter Feuerwehrmann! Wenn man so lange Zeit Mitleid erweckt hat, ist es verführerisch, Respekt einfordern zu wollen. Aber in der Stunde, wo man sich eine neue Haut zugelegt hat, mein Freund, begibt man sich nicht auf seinen Balkon, ansonsten holt man sich schwere Krankheiten.

Und du warst dort, lehntest dich über das Geländer, hast jedem Vorbeikommenden deine Geheimnisse zugerufen. Als Stabschef verbreitest du deine Schlachtpläne im feindlichen Lager. In diesem Jahr wirst du eine Million Pfund mehr zusammenbekommen und das Karmelgebirge aufkaufen! »Hört zu, ihr Araber«, sagtest du, »ihr wollt wissen, welches Ziel ich verfolge? Hier ist es: die Schaffung einer jüdischen Mehrheit hier. Wißt ihr, was ich dieses Jahr in Zürich zu unternehmen gedenke? Ich werde mich, nicht mehr und nicht weniger, ganz Palästinas versichern. Die jüdische Agentur, liebe Araber, die der Kongreß soeben geschaffen hat, wird mir ermöglichen, alle nicht ewig wandernden Juden für den Kauf des schönen Landes zu interessieren. In zehn Jahren wird es mir gehören. In zwanzig Jahren werden sich mir fünfhunderttausend meiner kleinen Brüder angeschlossen haben. Der weißhaarige Lord, genannt Lang-Arm, wird mich in den Rang Kanadas oder Australiens erheben. Ich werde das sechste Dominion sein. Fanfare, Achtung!«

Und über allem ließest du die *Hatikvah* spielen!

Was hat dein Nachbar gemacht, dein teurer Araber?

Er hat zunächst um sich geschaut. Siehe da, der Lord mit dem langen Arm hatte sich aus dem Staub gemacht! Danach begannen sie zu zählen. Du warst noch nicht bei fünfhunderttausend, das war der Moment zum Handeln. Er hat sich auf Zehenspitzen genähert, und während du deinen Ruhm besangest, hat er dir einen festen Hieb mit dem Knüppel in den Nacken versetzt.

Ewiger Jude, wie geht es dir?

Nun, es geht nicht allzu schlecht. Man müßte eigentlich denken, daß er sich nach dem Blutbad in einem viel schlimmeren Zustand befände. Seine Gesichtsfarbe war bleicher, seine Stimme weniger obenauf, ein leichtes Schwanken im Schritt, aber er hat sich nicht krank zu Bett gelegt. Vor allem – und das ist im ganzen Leben des ewigen Juden eine sensationelle Neuigkeit – er hat nicht den Rücken gebeugt.

*

In jenen Tagen also, nach all diesen Ereignissen, befand ich mich am Strand von Tel Aviv. Es war der jüdische Neujahrstag: Rosch ha-Schana. Am Wasser entlang gebärdeten sich Juden sehr eigenartig. Mit den Händen schienen sie ihre Brust abzusuchen und etwas herauszuziehen, was nur mühsam vor sich ging. Dann schwangen sie ihre Arme in Richtung Mittelmeer: sie warfen ihre Sünden ins Meer.

– Zur rechten Zeit, sagte ich mir, haben sie verstanden. Wenn sie nur nicht vergessen, ihr Zuviel an Stolz zu ertränken, dann wird alles gut werden.

Eine Prophezeiung?

Ist der ewige Jude, ist Ahasver angekommen?

Warum nicht?

ANHANG

Albert Londres

Wer war Albert Londres? Tucholsky wußte seinerzeit eine Antwort, die sich immer noch hören läßt: »Man stelle sich einen Egon Erwin Kisch vor, der nicht aus Prag stammt – das geht nicht –, also denke man sich einen gebildeten Mann, der von einer großen Reporterleidenschaft wirklich besessen durch die Welt getrieben wird.« In der *Weltbühne* besprach Tucholsky 1925 anerkennend Londres' Reportagen aus französischen Irrenhäusern und charakterisierte ihren Autor mit diesen Worten: »Londres ist ein Reporter und nichts als das; keine langatmigen Untersuchungen, keine exakten Dokumente, sondern: Wo ist etwas los? Ich will dabei sein! Ihr werdet lesen.«

Dieser rasende Reporter aus Frankreich war in den zwanziger Jahren nicht nur dem in Paris ansässigen Korrespondenten der *Weltbühne* aufgefallen, sondern auch deutschen Verlagen; Londres' Reportage aus dem französischen Sibirien, den Straflagern im tropischen Guyana, die in Frankreich ungeheuren Staub aufgewirbelt und mit einiger Verzögerung sogar zur Schließung der Lager geführt hatte, wurde unter dem Titel ›Die Flucht aus der Hölle‹ ins Deutsche übersetzt. Auch ›Le Juif errant est arrivé‹ – so der Originaltitel der vorliegenden Reportage über die osteuropäischen Juden – hatte einen deutschen Verleger gefunden, doch erst in allerletzter Minute vor der Machtübernahme der Nazis, die das Buch dann verschwinden ließen. Albert Londres, der 1932 auf der Rückreise von Schanghai nach Marseille bei einem Schiffsbrand im Roten Meer ums Leben kam, ist danach in Deutschland völlig in Vergessenheit geraten. Zwar melden deutsche Zeitungen heute brav, wenn der »Prix Albert Londres«, Frankreichs am höchsten angesehener Journalistenpreis, vergeben wird, doch mit dem Namen Londres kann niemand mehr etwas anfangen. Der französische Kisch bleibt ganz neu zu entdecken.

Albert Londres gilt in Frankreich als eine Art Stammvater der Aristokratie von Journalisten, die »les grands reporters« genannt werden. Eine adäquate deutsche Übersetzung gibt es dafür nicht. Was unterscheidet den »grand reporter« von gewöhnlichen Reporter? »Ein Reporter im deutschsprachigen und angelsächsischen Raum«, schrieb der mit französischen Verhältnissen bestens vertraute Niklaus Meienberg in einem Porträt Jean Lacoutures, eines beispielhaften Nachkommen der Londres-Linie, »wird auf einen genau umrissenen Teil der Wirklichkeit losgelassen und soll dann seine atemlos herausgerissenen Fetzen apportieren. Ein ›grand reporter‹ will die *ganze Wirklichkeit mitbringen,* er akzeptiert die Aufsplitterung der Welt in einzelne Rubriken nicht (Kultur, Wirtschaftsteil, Politik), er will totalisieren, wie Sartre das nennt.« Einen vielseitigeren, neugierigeren, rastloseren, auffassungsschnelleren Reporter als Albert Londres kann man sich kaum vorstellen. Heute ist außerhalb Frankreichs vielleicht nur noch Ryszard Kapuscinski in dieser Linie zu sehen.

Angefangen hatte bei Londres alles recht bescheiden, sozial und dann beruflich. Der 1884 in der Badestadt Vichy als Sohn eines aus der Gascogne stammenden Handwerkers geborene Albert Londres begann eine Buchhalterlehre in Lyon, bevor er mit einigen an der Langeweile der Provinz leidenden Gleichaltrigen, zu denen der später berühmt gewordene Theaterregisseur Charles Dullin gehörte, nach Paris zog. Er trieb sich in der hauptstädtischen Literaturbohème herum, lebte von Gelegenheitsarbeiten, schrieb Gedichte und veröffentlichte dann und wann Artikel in der Presse der heimischen Provinz. 1904 erschien »Suivant les heures«, Londres erster Gedichtband. Im gleichen Jahr erhielt er eine Anstellung in der Pariser Redaktion der Lyoner Tageszeitung *Le Salut Public*. Zwei Jahre später wurde er in die Redaktion der Pariser Tageszeitung *Le Matin* geholt, einer der vier größten Zeitungen der Hauptstadt, und mit der Berichterstattung aus der Nationalversammlung betraut. Das routinemäßige anonyme Protokollieren von Ausschußsitzungen und großen Parlamentsdebatten füllte ihn nicht aus, Londres schrieb daneben weiter an Gedichten und Theaterstücken. Der Ausbruch des Ersten Weltkriegs setzte dem geruhsamen Chronistenleben jedoch ein jähes Ende. Der Krieg machte aus dem journalistischen Protokollanten einen Reporter.

Londres wurde zum Kriegsberichterstatter befördert. Die erste Mission führte ihn nach Reims, das im September 1914 unter deutschem Beschuß lag. In der Stadt erlebte Londres mit, wie sich die Artillerie immer zielgenauer auf die Kathedrale einschoß. »Wir sahen auf die Kathedrale. Zehn Minuten später sahen wir den ersten Stein herausfallen. Das war am 19. September 1914 morgens um 7 Uhr 25.« Mit diesem Satz endete Londres' erste Kriegsreportage, geschrieben mit erstaunlich sicherer Hand, so als habe ihr Autor nie etwas anderes zu Papier gebracht. Der auf der Titelseite des *Matin* gedruckte und mit dem Namen Albert Londres gezeichnete Bericht vom Artillerieangriff auf Reims ließ die Pariser Presse aufhorchen. Die Zeitung ernannte Londres zu ihrem Berichterstatter von der Nordfront. Auf die Dauer war der Korrespondent jedoch nicht damit zufrieden, immer nur von minimalen Geländegewinnen unter ungeheuren Verlusten an Menschenleben berichten zu müssen. Im Februar 1915 äußerte er den Wunsch, zu den Dardanellen geschickt zu werden, wohin sich ein alliiertes Expeditionskorps auf den Weg machte. Die Zeitung lehnte ab und entließ den Reporter. Londres ging sofort zur Konkurrenz, zum *Petit Journal*, und brach dann zum Bosporus auf.

Von 1915 bis 1917 verfolgte Londres den Kriegsverlauf im östlichen Mittelmeer und auf dem Balkan. Von seinem Standquartier Saloniki aus reiste er sowohl nach Konstantinopel als auch nach Serbien. Im September 1917 kehrte er wieder nach Paris zurück und mußte bald erkennen, daß eigensinnige Reportagen aus dem Kriegsgebiet nicht mehr gefragt waren. Journalisten hatten die anglo-französische Waffenbrüderschaft salbungsvoll zu feiern und die beruhigenden Äußerungen der Generäle wiederzugeben. Unterdessen kamen aus Rußland Nachrichten vom Ende des Zarenreichs und vom Sieg einer unerhörten Revolution. Weil die Zeitung es wegen der Risiken und Kosten ablehnte, ihren Reporter nach Rußland zu schicken, nahm Londres mit dem Außenministerium Kontakt auf, um notfalls in diplomatischer Mission nach Petrograd zu gelangen. Die Mission kam nicht zustande, doch der Plan einer Reise nach Rußland war nicht aufgegeben.

Nach dem Sieg über die Mittelmächte hielt es Londres nicht lange in Frankreich. 1919 reiste er nach Italien und lernte in Venedig Gabriele d'Annunzio kennen, dessen romantische Aura ihn faszinierte. Als wenig später gemeldet wurde, daß d'Annunzio, in dem Londres einen künftigen italienischen Staatsmann sah, in einem Handstreich die kroatische Hafenstadt Fiume für Italien erobert hatte und sich zum Chef der besetzten Stadt erklärte, ließ Londres sich sofort an die Adria schicken. Von dem als Kleinherrscher amtierenden d'Annunzio, der sich in diktatorischen Posen gefiel und jeden Sinn für politisches Aushandeln vermissen ließ, war er dann weniger angetan. Er ließ das Thema Fiume fallen und rüstete sich für die nächste Reise, die ihn nach Beirut, Damaskus, Jerusalem, Kairo und Dschidda führte. Inzwischen arbeitete der Reporter für die Zeitung *Excelsior*, die ihn großzügiger behandelte und besser bezahlte als das *Petit Journal*.

Im Nahen Osten wollte Londres herausfinden, wie Frankreich, das nach dem Ersten Weltkrieg in Syrien Mandatsmacht geworden war, mit der neuen Aufgabe zurechtkam. Er fand es denkbar schlecht vorbereitet auf die Auseinandersetzung mit den arabischen National-bewegungen, die sich im Nahen Osten regten. Die Orientreise machte Londres aber auch auf andere Gegenstände aufmerksam, auf das Schicksal der Armenier zum Beispiel, die dem türkischen Massaker entgangen waren. In Jerusalem begegnete er jüdischen Einwanderern, die aus Osteuropa kamen und sich in der ihnen völlig fremden Welt britisch verwalteter arabischer Territorien nicht zurechtfanden. Diese Erfahrung grub sich dem rasenden Reporter ein – Jahre später nahm er sie zum Anlaß, das Elend in den osteuropäischen Ländern in Augenschein zu nehmen, vor dem diese Juden bis nach Palästina flohen.

1920 gelang es Londres, seinen alten Plan zu verwirklichen und nach Rußland zu fahren. Die bürokratischen Hindernisse, die zu überwinden waren, ehe er von Finnland aus die russische Grenze überschreiten konnte, trieben dem Reporter die wenigen vorhandenen Sympathien für das revolutionäre Rußland vollständig aus. Seine Absicht, zu Lenin und Trotzkij vorgelassen zu werden, erfüllte sich nicht. Ins Gespräch kam er nur mit dem Außenminister Tschitscherin, ließ sich von ihm aber nicht von der weithin vorgefaßten Überzeugung abbringen, daß es sich bei den Bolschewiken um wilde Tiere handle. Von den vielfältigen Konflikten innerhalb des revolutionären Rußland, das sich in einem Bürgerkrieg und gleichzeitig im Krieg mit Polen befand, hat Londres offensichtlich nichts verstanden und sich auch nicht angestrengt, etwas zu verstehen. Die ganze russische Welt war ihm fremd; seine Reportermethode der unmittelbaren Beobachtung stieß dort an ihre Grenzen. Er fuhr anschließend auf den Balkan und in die Schweiz, wo er mit dem exilierten letzten Habsburger Karl IV. ein Interview führte. Bei einem Aufenthalt in Berlin traf er mit Maximilian Harden, mit dem ehemaligen Reichskanzler Hermann Müller und anderen Politikern der Weimarer Republik zusammen. Allein der damals neugewählte Kanzler Joseph Wirth, der in Deutschland für die Erfüllung der alliierten Reparationsforderungen stritt, fand ein wenig Gnade in seinen Augen.

1922 brach Albert Londres zu einer großen Asienreise auf. Über Japan, wo ihm der französische Botschafter Paul Claudel Wege ebnen konnte, reiste er nach China, dann in die französische Kolonie Indochina und am Ende durch Indien. Mahatma Gandhi und dessen geschworener Gegner, der Dichter Rabindranath Tagore, ließen sich von dem französischen Reporter zur Zukunft des Subkontinents befragen. Die französischen Besitzungen in Asien schienen ihm die unruhig gewordene Zeit gänzlich zu verschlafen; Saigon beschrieb er als provinzielle Subpräfektur, die sich Pantoffeln aufgezogen und Lockenwickler aufgesteckt hat und dann schnarchend eingedämmert ist. Kolonialfranzosen verziehen ihm dieses Bild nicht.

Nach der Rückkehr nahm Londres das Angebot der

neugegründeten Tageszeitung *Le Quotidien* an, zunächst in einer Serie von Reportagen aus der französischen Provinz zu berichten. 1923 ließ er sich ins Ruhrgebiet schicken, das wegen ausgebliebener Reparationszahlungen auf Beschluß der Regierung Clémenceau besetzt worden war. Mit den Artikeln, die Londres zurückbrachte, war die Zeitung jedoch nicht einverstanden. Sie arbeitete auf die Ablösung der Regierung bei den bevorstehenden Wahlen hin und bekämpfte deshalb alle Maßnahmen Clémenceaus einschließlich der Ruhrbesetzung – doch dagegen hatte Londres gar nichts einzuwenden. Als die Redaktion ihm erklärte, die Berichte aus dem Ruhrgebiet stimmten nicht mit der Linie der Zeitung überein, soll Londres diese in Frankreich sprichwörtlich gewordene Replik gegeben haben: »Meine Herren, Sie werden lernen müssen, daß ein Reporter nur eine einzige Linie kennt: die Eisenbahnlinie.«

Wechsel zu der populären Tageszeitung *Le Petit Parisien*. Londres ging wieder auf Reisen, diesmal an die Nordküste Lateinamerikas, nach Französisch-Guyana, die Region der nach der Niederschlagung der Pariser Commune eingerichteten Strafkolonien. Er stattete unter anderem der »Teufelsinsel« einen Besuch ab, die als Verbannungsort des unschuldig verurteilten Hauptmanns Alfred Dreyfus in die Geschichte eingegangen ist. Londres hatte Gelegenheit, mit einem Gefangenen zu sprechen, von dessen Unschuld er sich rasch überzeugte, mit dem Schreiner Eugène Dieudonné, der seiner anarchistischen Sympathien wegen vor dem Ersten Weltkrieg als Komplize der anarchistischen Bonnot-Bande verurteilt worden war. Er begegnete einem Gefangenen, der mit Zwangsarbeit in den Tropen dafür büßen mußte, daß er 1914 in einem Brief an eine Kölner Zeitung den Verrat irgendwelcher imaginären Geheimnisse angeboten hatte. Der Reporter zeigte sich nicht nur über die erbärmlichen Lebensbedingungen entsetzt, unter der die Verbannten dahinvegetierten, sondern auch über das ganze System der Verbannung, das den einmal Verurteilten keine Chance ließ, nach Verbüßung der Strafe jemals wieder aus der Strafkolonie herauszukommen. Londres begnügte sich nicht damit, eine Serie von Berichten aus dem »Bagne« zu veröffentlichen, er schrieb auch einen offenen Brief an den Kolonialminister Albert Sarraut, in dem er eine radikale Reform des gesamten Regimes der Strafkolonie verlangte.

Dem *Petit Parisien* wurden die Ausgaben mit den Berichten aus Guyana aus den Händen gerissen. Der Enthüllungsjournalist Albert Londres wurde 1923 zur Berühmtheit in Paris. Die Regierung konnte sich nicht erlauben, seine Eingabe mit Schweigen zu übergehen. Sie stellte die Überprüfung der gesamten Einrichtung Strafkolonie in Aussicht und ordnete fürs erste die Abschaffung der schlimmsten von Londres angeprangerten Strafmaßnahmen an. Es dauerte zwar noch bis 1937, ehe das tropische Sibirien Guyanas von der Regierung der Volksfront endgültig geschlossen wurde, doch einige der von Londres porträtierten unschuldig verurteilten Gefangenen kamen bald danach frei. Die Geschichte des Anarchisten Dieudonné wurde sogar zum Bühnenstück verarbeitet. Londres gesammelte Artikel erschienen bei Albin Michel in Buchform und eröffneten die Reihe »Les grands reportages«.

Londres hatte mit seinen Enthüllungen ein Massenpublikum gewonnen und für sich selbst ein Thema entdeckt, das ihn nicht mehr loßlies: *Die Einsperrung von Menschen.* Er fuhr wieder los, diesmal nach Nordafrika, um die militärischen Straflager Frankreichs zu besichtigen, die nach dem Titel eines 1890 erschienenen Buchs des Schriftstellers Georges Darien »Biribi« genannt wurden. Einige Tausend vom Kriegsgericht verurteilte Soldaten hatten um diese Zeit ihre Strafe in den über Marokko, Algerien und Tunesien verstreuten Lagern von Biribi zu verbüßen. Unter der Aufsicht von Unteroffizieren, die sich an ihrer Allmacht berauschten, mußten die Gefangenen bei glühender Hitze Zwangsarbeit verrichten. Quälereien, Schläge und Folter waren an der Tagesordnung. Krankheiten wurden nicht behandelt, sondern galten als Vorwand, sich um die Arbeit zu drücken, und wurden mit Quälereien bestraft. Londres brachte sein Entsetzen über die in den nordafrikanischen Lagern angetroffenen Zustände in einer Artikelserie für *Le Petit Parisien* zum Ausdruck und verlangte in einem offenen Brief an den Kriegsminister gründliches Aufräumen im Archipel Biribi, beginnend mit dem kompletten Austausch der Bewachungsmannschaften.

»Dante n'a rien vu« – Dante hat nichts gesehen – hieß der Titel des Buchs, das aus den Artikeln hervorging und das wieder ein großer Verkaufserfolg wurde. Londres ruhte sich nicht lange auf seinen Lorbeeren als Enthüllungsjournalist aus, sondern bereitete sich auf die nächste Expedition in ein Schattenreich vor. Er wollte mit eigenen Augen sehen, was sich hinter den Mauern der Asyle für Geisteskranke abspielt. An den Toren wurde der Reporter zunächst abgewiesen, unter Berufung auf eine aus dem Jahr 1838 stammende Regelung, die das Berufsgeheimnis der Ärzte und Pfleger vor Blicken Unbefugter schützt. Minister, an die Londres sich daraufhin wandte, wagten es nicht, den berühmten Reporter abzuweisen, so daß er schließlich Zutritt zu den Anstalten in Paris und in der Provinz erhielt. Was er dort sah, verschlug ihm den Atem. Verkommene Räume, viel zu wenig Waschmöglichkeiten, schlechte

Ernährung, ein Durcheinander von schwer kranken und gesunden Insassen, zu wenig und zu schlecht ausgebildetes Personal, Prügel für jedes Anzeichen von Aufsässigkeit. Im Mai 1925 erschien die Artikelserie in der Zeitung, die daraufhin von Leserzuschriften überschüttet wurde; zahllose Leute hatten Erfahrungen mit der Psychiatrie beizutragen. »Chez les fous« war dann die Buchfassung überschrieben, die wieder reißenden Absatz fand. »Das Buch ist verdienstvoll, wenn auch nicht sehr tief«, schrieb Tucholsky dazu. »Und es wird vielleicht jenen zu denken geben, die so feierlich in der Sorbonne das Andenken des großen Lehrers unseres einzigen Freud gefeiert haben: Charcots.«

Londres trieb es bald wieder hinaus. Ende 1925 kamen Meldungen über einen Aufstand der Drusen im französischen Mandatsgebiet Syrien, da mußte er hin. 1926 eroberte ein Mann, von dem Londres ähnlich fasziniert war wie von d'Annunzio, Joseph Piłsudski, die Macht in Polen: da mußte in Warschau nachgesehen werden. André Gide hatte inzwischen die französische Öffentlichkeit mit seinem Bericht von einer Reise durch Französisch-Kongo aufgeschreckt; Londres zögerte nicht lange und machte sich auf den Weg nach Schwarzafrika. Bei seinen Recherchen vor Ort fand er heraus, daß fast zwanzigtausend Schwarze beim Bau der Eisenbahnlinie Congo–Océan ihr Leben verloren hatten. Es empörte ihn, daß man die Menschen wie Gegenstände verbrauchte und dann durch neue ersetzte; doch zu einer Kritik am Kolonialsystem selbst führte seine Empörung nicht. Er wollte mit seinen Berichten lediglich erreichen, daß sich die Franzosen mehr für ihre Kolonien interessierten und daß sich die Beziehungen zwischen Mutterland und Kolonie verbesserten.

Ein »grand reporter« hatte sich nach Auffassung

Londres' nicht auf Redaktionssesseln herumzudrücken, sondern sich möglichst viel in der Welt umzusehen, und dabei konnte zuletzt Rücksicht auf die Kosten genommen werden, die bei den Reisen anfielen. Als reisender Reporter wurde Londres allmählich ein recht teurer Autor, dessen Spesenrechnungen die Buchhaltung seiner Zeitung zur Verzweiflung trieben. Angeblich hat der Reporter sich nicht gescheut, auch solche Posten auf seiner Rechnung aufzuführen: »Sie war blond: 400 Francs« oder »Man ist nicht aus Holz: 600 Francs.« Londres konnte im Zweifelsfall sogar ein strikt berufliches Interesse ins Feld führen, denn sein nächstes Projekt galt dem Milieu.

Es liefen Gerüchte um, zwischen Frankreich und Argentinien finde ein schwunghafter Handel mit jungen französischen Frauen statt, und dieser Sache wollte er auf den Grund gehen. 1927 reiste er nach Buenos Aires und fand dort schnell heraus, daß die Schaltstelle des französisch-argentinischen Geschäfts kein anderes Etablissement als die französische Buchhandlung am Ort war. Bei näherer Betrachtung kam ihm das ganze Geschäft viel banaler vor, als der schaurige Ausdruck »Mädchenhandel« vermuten ließ: Die Frauen aus Frankreich seien weder entführt noch zur Prostitution gezwungen worden, schrieb er, sie seien bereits vor der Überfahrt nach Argentinien auf den Strich gegangen; in Buenos Aires sorgten ihre französischen Zuhälter dafür, daß sie die bestbezahlte Kategorie der Prostituierten bildeten. Ganz unten in der argentinischen Dirnenhierarchie dagegen rangierten junge jüdische Frauen aus Polen, die dort ihren mittellosen Familien tatsächlich abgekauft worden waren. Londres stieß wieder auf das ostjüdische Elend, das ihm bei seinem Aufenthalt in Jerusalem begegnet war.

1929 begab er sich auf die Reise, aus deren Aufzeich-
nungen ›Ahasver ist angekommen‹ hervorgegangen ist.
Londres' Bericht fordert geradezu den Vergleich mit Alfred Döblins ›Reise in Polen‹ heraus, die 1925 erschienen war: Beide Autoren trafen in den Jahren nach der
polnischen Unabhängigkeit und dem russisch-polni-
schen Krieg eine von den damit einhergegangenen Pogromen gezeichnete jüdische Bevölkerung an. Doch die
Blickwinkel, unter denen das Ostjudentum gesehen
wird, sind völlig verschieden: Döblin kehrte in das Land
zurück, das seine Vorfahren einstmals verlassen hatten,
um nach Westen zu ziehen und sich in Preußen zu assimilieren; beim Anblick der Juden in Polen wurde ihm
bewußt, was ihn, auch wenn er sich besonders mit den
Armen unter den Ostjuden verbunden fühlte, vom tra-
ditionellen Judentum trennt. Für Londres, der keinerlei
Beziehungen zum Judentum hatte, war das alles neu;
um so mehr bleibt zu bewundern, wie sehr er sich angestrengt hat, sich in die jüdische Lebensweise und Gei-
steswelt hineinzuversetzen, ohne sich diese Anstrengung anmerken zu lassen. Ein Reporter, sagte er sich
vor, kann sich in alles einarbeiten: warum nicht in die
Denkweise osteuropäischer Juden?

Gerade weil Londres sich den Juden der Karpaten,
der Bukowina, Galiziens und Zentralpolens als Reporter näherte, hat er Einblicke gewonnen, die dem wenig
reisefreudigen Schriftsteller Döblin verschlossen blieben. Auf die Idee, einen Warschauer Steuereintreiber
auf seiner Tour durch das Ghetto zu begleiten, um auf
diese Weise etwas vom Ausmaß des Elends unter den in
der Stadt lebenden Juden zu erfahren, hat nur ein findi-
ger Reporter wie Londres kommen können. In diesem
Buch sind seine Talente und seine Leidenschaften, seine
unstillbare Neugier, seine rasche Auffassungsgabe, sein

Gespür für Recht und Unrecht und seine literarische Handschrift eine einmalig geglückte Verbindung eingegangen. Da fällt es wenig ins Gewicht, daß der Autor, wenn er vom Zionismus sprach, sowohl von Herzls Schriften als auch von den verschiedenen Strömungen in der zionistischen Bewegung eine nur oberflächliche Kenntnis besaß. Hinterlassen hat er ein unersetzbares, lebendiges Zeugnis vom Leben der osteuropäischen Juden im letzten geschichtlichen Moment vor der Entfesselung des Massenmords.

Daß Londres sich in einem Punkt seiner Einschätzung geirrt hat, geht wahrlich nicht auf sein Konto. Das zionistische Projekt eines Judenstaats hat er heftig befürwortet, nachdem er sich bei seiner Reise durch Polen und Rumänien davon überzeugt hatte, daß den dort unter ständiger Bedrohung lebenden Juden nur noch ein einziger rettender Ausweg aus der Not blieb, die Emigration nach Palästina. Für *sie* war der Zionismus da, nicht für die in Frankreich, England oder Deutschland ansässigen Juden, sie lebten seiner Ansicht nach in Sicherheit. So wenig wie andere Zeitgenossen hat Londres sich 1929 vorstellen können, daß das große Massaker, das die Realisierung des jüdischen Staats in Palästina beschleunigte, nicht im Osten, sondern in Deutschland ausgeheckt werden könnte, einem der für unproblematisch gehaltenen Länder.

Lothar Baier

Zeittafel

1884   1. November: Geburt von Albert Jean Ma-
        rie Londres in der Rue Besse in Vichy als
        Sohn von Jean-Baptiste Marie Londres und
        Florimonde Baratier.

1902   Nach Besuch des Lycée de Moulins wird
        Londres Büroangestellter bei der Compa-
        gnie Asturienne des Mines in Lyon.

1903   Umzug nach Paris, wohin einige seiner Lyo-
        ner Freunde folgen werden.

1904   Januar: Er veröffentlicht die Gedichtsamm-
        lung *Suivant les heures*.
        Einstellung bei der Pariser Redaktion der
        Lyoner Tageszeitung *Salut Public* durch
        Elie-Joseph Bois aus Vichy.
        Seine Lebensgefährtin Marie Laforest be-
        kommt eine Tochter.

1906   Mitarbeiter bei der Tageszeitung *Le Matin*
        als parlamentarischer Berichterstatter. Sein
        Augenmerk gilt der Abgeordnetenkammer
        und dem Kriegsministerium.

1906–1908 Teilnahme an den Treffen des Freundes-
        kreises um den Dichter François Coppée.

1908–1910 Drei Gedichtbände erscheinen: *L'Ame qui vi-
        bre*, *Lointaine*, *La Marche à l'Étoile*.

1914   10. September: Kriegskorrespondent des *Matin* in der Champagne.
21. September: Londres zeichnet erstmals mit seinem Namen einen Artikel über den Beschuß der Kathedrale von Reims.
Danach an der Ardennenfront und in Belgien.

1915   4. März: Nachdem der *Matin* ihm die Fahrt zu den Dardanellen verweigert hatte, fährt er auf Kosten des *Petit Journal* dorthin. Er schildert das orientalische Land für diese Zeitung bis zum Juni 1917.

1917–1918 Kriegskorrespondent des *Petit Journal* an der französischen, an der italienischen und an der englischen Front. Danach im besetzten Teil Deutschlands.

1919   Januar–März: Reportagen aus Spanien, Serbien, Italien. Da letztere Ministerpräsident Georges Clémenceau mißfallen hat, wird er beim *Petit Journal* entlassen (dessen Leiter Stephen Pichon ist Minister für auswärtige Angelegenheiten).
Juli: Er wird Mitarbeiter bei der Tagesillustrierten *Excelsior*.

1919–1922 Für den *Excelsior*: Reportagen aus Fiume (erobert von dem Schriftsteller d'Annunzio), aus Syrien, dem Libanon, Palästina, Ägypten, Arabien, Sowjetrußland, Griechenland, Bulgarien, Deutschland, Japan, China, Indochina, Indien.

1923   Januar–April: Beteiligt an der Herausgabe der Tageszeitung der Linken: *Le Quotidien*. Er zieht sich jedoch wegen der Absicht der Redaktionsleitung, seine Reportage über das Ruhrgebiet zu zensieren, von diesem Projekt zurück.

Er wird von Elie-Joseph Bois, dem neuen Chefredakteur, beim *Petit Parisien* eingestellt.

August–September: Die Enthüllungen in seiner Reportage *Au Bagne* ziehen die Schließung des Gefängnisses in Cayenne nach sich.

1924–1931 Reihe von Reportagen, die aufs heftigste anklagen: die Militärgefängnisse (*Dante n'avait rien vu*), die Unmenschlichkeit von Heilanstalten (*Chez les fous*), den Mädchenhandel (*Le chemin de Buenos Aires*), die Ausbeutung der Schwarzen in Afrika (*Terre d'ébene*), das Drama der Juden bei der Suche nach einem Heimatland (*Le juif errant est arrivé*), das grausame Schicksal der Perlentaucher (*Pêcheur de perles*), den Terrorismus auf dem Balkan (*Les Comitadjis*).

1931   26. November: Kündigung beim *Petit Parisien*, der ihm eine Reise nach China versagt. Ende Dezember: Abreise nach China. Er will für die Tageszeitung *Le Journal* eine Recherche durchführen, deren Ziel er niemandem mitgeteilt hat.

1932   30. Januar–6. März: Für *Le Journal* verfolgt er den japanisch-chinesischen Krieg, der während seines Aufenthaltes in Shanghai ausbricht.

23. April: Er geht an Bord der Georges-Philippar.

16. Mai: Er kommt beim Brand dieses Passagierschiffes im Roten Meer auf der Höhe von Gardafui ums Leben.

November: *Histoires des grands chemins*; eine von Edouard Helsey und Florise Londres zusammengestellte Anthologie.

1933   Der »Prix Albert Londres« wird erstmals an den besten Journalisten des Jahres vergeben: Emile Condroyer.

Isaac B. Singer im dtv

»Ohne Leidenschaft gibt es keine Literatur.«

Isaac B. Singer

Feinde, die Geschichte einer Liebe
Roman · dtv 1216
Ein Mann lebt in einer
fatalen Konstellation
zwischen drei Frauen.
1990 erfolgreich verfilmt.

Das Landgut
Roman · dtv 1642
Kalman Jacobi, ein from-
mer Jude, pachtet 1863 ein
Landgut in Polen und
gerät mit seiner Familie in
den Sog der neuen Zeit.

Das Erbe
Roman · dtv 10132
Kalman Jacobis Familie
im Wirbel der politischen
und sozialen Veränderun-
gen der Jahrhundertwende.

Eine Kindheit in Warschau
dtv 10187
Singer erinnert sich an
seine Kindheit im
Warschauer Judenviertel.

Verloren in Amerika
dtv 10395
Auf der Suche nach Gott,
nach Liebe und als einsa-
mer Emigrant in New
York.

Die Familie Moschkat
Roman · dtv 10650
Eine Familiensaga aus der
Welt des osteuropäischen
Judentums.

Old Love
Geschichten von der Liebe
dtv 10851

Der Kabbalist vom East Broadway
dtv 11549
Geschichten, die Singer in
seiner geliebten Cafeteria
am East Broadway erzählt
bekam.

Der Tod des Methusalem
und andere Geschichten
vom Glück und Unglück
der Menschen
dtv 12312

Schoscha
Roman · dtv 12422
Eine Liebesgeschichte aus
dem Warschau der dreißi-
ger Jahre.

Der König der Felder
Roman · dtv 24102
Mythenartig und humor-
voll erzählt Singer von der
Entstehung des polnischen
Volkes.

Alfred Döblin

»Wer Döblin liest, wird reich...«
Wolfgang Minaty

Amazonas
Romantrilogie
dtv 2434

**Babylonische Wandrung
oder Hochmut kommt
vor dem Fall**
dtv 12370

Berlin Alexanderplatz
Die Geschichte vom
Franz Biberkopf
dtv 295
Sonderausgabe dtv 8385

Briefe
dtv 2444

Unser Dasein
dtv 2431

Drama, Hörspiel, Film
dtv 2443

**Hamlet oder Die lange
Nacht nimmt ein Ende**
Roman
dtv 2442

Manas
Epische Dichtung
dtv 2429

**Der deutsche Maskenball
von Linke Poot / Wissen
und Verändern!**
dtv 2426

**Der unsterbliche Mensch
Der Kampf mit dem
Engel**
Religionsgespräche
dtv 2440

November 1918
Eine deutsche Revolution
Kassettenausgabe in
4 Bänden
Band 1: **Bürger und
Soldaten**
Band 2: **Verratenes Volk**
Band 3: **Heimkehr der
Fronttruppen**
Band 4: **Karl und Rosa**
dtv 59030

dtv

Alfred Döblin

**Der Oberst und der
Dichter oder
Das menschliche Herz /
Die Pilgerin Aetheria**
Zwei Erzählungen
dtv 2439

**Pardon wird nicht
gegeben**
dtv 2433

Reise in Polen
dtv 2428

**Jagende Rosse /
Der schwarze Vorhang
und andere frühe
Erzählwerke**
dtv 2421

Schicksalsreise
Bericht und Bekenntnis
dtv 12225

**Schriften zu jüdischen
Fragen**
dtv 12454

**Zwei Seelen in einer
Brust**
Schriften zu Leben
und Werk
dtv 2445

**Die drei Sprünge des
Wang-lun**
Chinesischer Roman
dtv 2423

**Der Überfall auf
Chao-lao-sü**
Erzählungen aus
fünf Jahrzehnten
dtv 10005

**Wadzeks Kampf mit
der Dampfturbine**
Roman
dtv 2424

Wallenstein
Roman
dtv 2425

dtv

Ruth Klüger im dtv

»Jeder Tag ist wie ein Tor, das sich hinter mir schließt
und mich ausstößt.«
Ruth Klüger

weiter leben
Eine Jugend
dtv 12261 und dtv großdruck 25106

»Mir ist keine vergleichbare Biographie bekannt, in der mit
solcher kritischen Offenheit und mit einer dichterisch zu
nennenden Subtilität auch die Nuancen extremer Gefühle
vergegenwärtigt werden.« (Paul Michael Lützeler in der
›Neuen Zürcher Zeitung‹)

Frauen lesen anders
Essays · dtv 12276

Frauen lesen anders als Männer, weil sie anders leben. Daher
kann der weibliche Blick, in der Literatur wie im Leben, man-
ches entdecken, woran der männliche vorübersieht. Ruth
Klüger beweist dies in elf ebenso ungewöhnlichen wie klu-
gen Essays. Deutsche Literatur in anderer Beleuchtung.

Katastrophen
Essays · dtv 12364

»Ein sehr empfehlenswertes Buch, es sollte, muß aber nicht,
im Anschluß an ›weiter leben‹ gelesen werden, und es spricht
nicht nur zu den Fachwissenschaftlern, sondern zu allen, die,
und vollkommen zu Recht, von der Literatur Aufschluß über
die Katastrophen der Gegenwart erhoffen.« (Burkhard Spin-
nen in der ›Frankfurter Allgemeinen Zeitung‹)

»Ruth Klüger stellt ganz einfach andere Fragen an Texte,
eine Methode, die zu ebenso plausiblen wie spannenden
Antworten führt, manchmal auch zu süffisant amüsanten.«
Barbara von Becker in der ›Süddeutschen Zeitung‹

Angelika Schrobsdorff im dtv

»Die Schrobsdorff hat ihr Leben lang nur
wahre Sätze geschrieben.«
Johannes Mario Simmel

Die Reise nach Sofia
dtv 10539
Sofia und Paris – ein Bild
zweier Welten: Beobach-
tungen über Konsum und
Liebe, Freiheit und Glück
in Ost und West.

Die Herren
Roman
dtv 10894
Ein psychologisch-
erotischer Roman, dessen
Erstveröffentlichung 1961
als skandalös empfunden
wurde.

Jerusalem war immer
eine schwere Adresse
dtv 11442
Ein Bericht über den Auf-
stand der Palästinenser,
ein sehr persönliches,
menschliches Zeugnis für
Versöhnung und Toleranz.

Der Geliebte
Roman
dtv 11546

Der schöne Mann und
andere Erzählungen
dtv 11637

Die kurze Stunde
zwischen Tag und Nacht
Roman
dtv 11697
Jerusalem – Paris – Mün-
chen: Städte, mit denen
die Erzählerin schicksal-
haft verbunden ist.

»Du bist nicht so wie
andre Mütter«
Die Geschichte einer
leidenschaftlichen Frau
dtv 11916

Spuren
Roman
dtv 11951
Ein Tag aus dem Leben
einer jungen Frau, die mit
ihrem achtjährigen Sohn
in München lebt.

Jericho
Eine Liebesgeschichte
dtv 12317

Grandhotel Bulgaria
Heimkehr in die
Vergangenheit
dtv 24115
Eine Reise nach Sofia
heute.